新媒体背景下
编辑出版工作的创新路径研究

于向凤 马会杰 潘 琦 著

东北林业大学出版社
Northeast Forestry University Press
·哈尔滨·

版权专有　侵权必究

举报电话：0451-82113295

图书在版编目（CIP）数据

新媒体背景下编辑出版工作的创新路径研究 / 于向凤，马会杰，潘琦著 . — 哈尔滨：东北林业大学出版社，2022.3

ISBN 978-7-5674-2714-3

Ⅰ.①新… Ⅱ.①于… ②马… ③潘… Ⅲ.①编辑工作—出版工作—研究 Ⅳ.① G232

中国版本图书馆 CIP 数据核字（2022）第 039008 号

责任编辑：倪乃华
封面设计：叶　子
出版发行：东北林业大学出版社
　　　　　　（哈尔滨市香坊区哈平六道街 6 号　邮编：150040）
印　　装：北京经纶通文化科技有限公司
开　　本：170 mm　240 mm　16 开
印　　张：11.75
字　　数：200 千字
版　　次：2022 年 3 月第 1 版
印　　次：2022 年 3 月第 1 次印刷
定　　价：39.00 元

如发现印装质量问题，请与出版社联系调换。（电话：0451-82113296　82191620）

前　　言

　　进入 21 世纪前半叶以来，传媒业面临的形势有喜有忧。一方面，新媒体日新月异，突飞猛进，极大地推动了传媒业的繁荣，成为传媒业增长的新生力量；另一方面，传统媒体却出现了日渐衰退、日薄西山的颓势。此消彼长的两种形势正是当前传媒业的具体写照。

　　新媒体是新事物，它的新在于它不仅在形式上新，在内容上也新。互联网、手机、移动电视、户外多媒体等，扩展了信息传播的渠道，这是一个五彩缤纷的领域，不仅方便了人们的信息交往，还开辟了信息产业的新世界。当今世界，只要有人活动的地方几乎没有不使用互联网的，互联网信息遍布全球，把整个世界系统地联结起来，使其成为一个信息化的世界。

　　随着信息技术的高速发展，网络基础设施的日趋完善，在新媒体不断涌现的今天，出版业也逐渐从以纸张为介质的纸制出版发展到以信息网络为平台的数字出版，如何利用计算机和网络这一平台，更好地促进出版事业的发展，成为编辑、出版行业在信息时代生存和发展的关键。目前，我国出版行业的数字化水平并不高，很多资源都没有得到充分的运用，编辑出版信息共享程度也不高，缺乏统一的信息沟通平台。编辑只有充分利用新媒体技术进行编辑出版工作和管理，并且进行出版创新，才能在新媒体时代生存下去。基于此，作者撰写了《新媒体背景下编辑出版工作的创新路径研究》一书。

　　本书以新媒体为研究背景，以编辑出版为研究对象，围绕编辑出版工作基础知识、新媒体及其对出版业的影响、新媒体背景下编辑出版工作流程、新媒体背景下出版编辑力的提升、新媒体背景下出版物的营销创新等进行分析梳理，对编辑出版工作的相关内容和创新路径进行了全面分析与研究。

　　本书由于向凤、马会杰、潘琦共同撰写，其中于向凤完成了本书主体部分的写作，共计10万字，马会杰完成5万字，潘琦完成5万字。新媒体编辑出版毕竟是一个新的领域，是大家的新领域，也是作者的新领域。尽管作者力争把这本书写好做了很大努力，但由于知识和能力所限，书中难免有纰漏和不足，衷心希望读者和有关专家能不吝指教，提出批评和建议，共同把本书改好。

作　者
2021年11月

目 录

第一章 编辑出版工作基础知识 ... 1
- 第一节 编辑素养 ... 1
- 第二节 出版活动的社会意义 ... 15
- 第三节 出版策划与运作 ... 19

第二章 新媒体及其对出版业的影响 ... 49
- 第一节 新媒体的基础认知 ... 49
- 第二节 新媒体对我国出版业的主要影响 ... 56
- 第三节 新媒体背景下出版单位的数字化转型 ... 75
- 第四节 新媒体背景下我国出版业的发展对策 ... 87

第三章 新媒体背景下编辑出版工作的流程 ... 94
- 第一节 新媒体信息采集与整理 ... 94
- 第二节 新媒体选题策划与文案编辑 ... 108
- 第三节 新媒体音频与视频编辑 ... 116

第四章 新媒体背景下出版编辑力的提升 ... 137
- 第一节 出版编辑能力及其在出版工作中的地位 ... 137
- 第二节 新媒体背景下数字时代出版编辑工作的发展趋势 ... 144
- 第三节 新媒体背景下传统出版编辑的局限性 ... 149
- 第四节 新媒体背景下数字出版编辑力提升的方法与途径 ... 157

第五章 新媒体背景下出版物的营销创新 ... 165
- 第一节 新媒体背景下纸质出版的营销创新 ... 165
- 第二节 新媒体背景下数字出版的营销创新 ... 177

参考文献 ... 181

第一章 编辑出版工作基础知识

第一节 编辑素养

一、思想修养

（一）政治素质

编辑的思想修养首先是政治修养，就是要有较高的政治素质。这主要体现在高度的政治使命感和扎实的理论水平、政策水平上。

我国的传媒业是宣传思想工作的重要部门，是社会主义舆论阵地之一。它承担着建设社会主义精神文明的重大任务，要努力用丰富多彩的、健康优秀的出版物向全体人民群众提供精神食粮。随着国际形势的变化和全党工作重心的转移，传媒事业对编辑人员的政治素质提出了更高的要求。编辑人员要时时刻刻树立政治意识，要旗帜鲜明地坚持党性原则，坚持中国特色的社会主义理论和党的基本路线，在思想上同党中央保持高度的一致，维护大局，把促进稳定、维护稳定作为自己的行为准则和奋斗目标。事事以大局为重，绝不能给大局添乱，这是新闻出版工作者的一条重要原则。出版社的编辑在策划、组织每一个选题，审阅每一部书稿时，都要考虑是否与中国特色的社会主义理论相一致，是否符合党的各项大政方针和现行政策，是否有利于社会的稳定、民族的团结等等。编辑人员的马克思主义理论水平和贯彻党的方针政策的自觉性如何，直接影响到出版物的思想倾向和舆论导向。

因为编辑出版人员所从事的是精神产品的生产，直接影响着人们的世界观的形成和人生观的形成，关系到社会风气和青少年一代的健康成长。在市场经济体制建立的过程中，"一切向钱看"的思想不可避免地会干扰出版工作。要想在市场经济的大潮中不迷失方向，编辑出版人员必须提高自身的思想政治素质，即必须加强学习，提高理论修养和精神境界，增强职业道德观念，要以中国特色社会主义理论武装自己，在纷繁复杂的情况下保持清醒的头脑。1996年10月，中共中央十四届六中全会通过了《中共中央关于加强社会主义精神文明建设若干重要问题的决议》，强调：要积极发展社会主义文化事业，"一手抓繁荣，一手抓管理，促进文化市场健康发展"，使新闻出版业总供给与总需求大致平衡，使报刊、音像、电子出版物及多媒体的结构大体合理，出版物的消费额度在人民群众的总消费中占有适当的比例。

（二）道德修养

道德的核心是行为规范。道德规范的一切条文都是人际交往的相关准则。各种道德条文无非是告诉人们，什么是应该做的，什么是不可以做的。职业准则是某一行业有关人群所应遵循的关系准则。出版工作者的职业道德，也可以叫做出版伦理、出版道德。它是编辑出版工作者在长期的实践活动中形成的，是正确处理与作者、读者、同行和社会各界之间关系的行为规范，是编辑出版工作者应有的品格、思想、作风以及处理出版单位内外关系的伦理准则。

编辑的职业道德是基于编辑工作的特点而形成的。它是自从社会分工出现了以编辑为职业的人以后就存在的。随着出版事业的发展繁荣，编辑在社会生活中的作用越来越大，因而更有必要提出编辑工作者如何正确对待社会、对待相关人员的伦理问题。编辑人员在编辑工作中也应当自觉遵守行为规范。

编辑人员一定要讲究职业道德。这是因为编辑工作是一种精神生产，是一项文化活动和科学活动。它的根本任务是要向读者提供优秀的出版物，也就是有质量的出版物。出版物的质量取决于作者，首先需要作者提供有质量的原稿；但是编辑的介入，不仅可以影响原稿的质量，还可以起决定性的作用。也正因为这样，编辑就更要讲职业道德，使自己在工作中时时刻刻用一定的行为规范来约束自己，保证提供内容和形式俱佳的出版物，更好地鼓舞读者为两个文明建设做出更大的贡献。

1. 职业责任

责任出于道德感，道德感出于信仰。编辑的道德感就是对本行的责任。任何道德都是行为的规范。当编辑就要对社会、对读者承担一定的责任。这种责任就是编辑的职责、任务和使命。你只能做与职责、任务、使命相符合的事，而不能相反。

社会主义市场经济的发展，给编辑出版工作带来了机遇，增强了活力，同时也是一种巨大的冲击，致使编辑队伍中一些不明事理或见利忘义的人做出了一些有悖于编辑职业道德的事。有的出版一些品位不高、格调低下、封建迷信，甚至夹杂着一些低级下流、黄色内容的图书；有的把组到的能赚钱的书稿转给别的出版社，或转卖给个体书商以谋私利；有的拿到书稿，根本不读不审，书号一填，就发排付印；有的明知书稿中文字不通、标点不清，也既不加工也不润色；有的经手加工修改的稿子，要求和作者共同署名；有的对读者来信，尤其是对来自读者的善意批评置之不理；有的还拆同行的台，盗窃别人已经组稿的选题，或者利用种种借口，或明或暗地印制兄弟单位的畅销书出售。这些编辑人员的种种行为，在编辑队伍中虽属极少数，但危害极大，如果任其发展，既坏了编辑队伍，也坏了出版事业，同时贻害广大读者。这说明以中国特色社会主义理论为指导，坚持为大局服务的社会主义编辑出版工作的世界观、人生观与价值观从来都是一致的，他们最终都是为了实现以科学理论武装人，以正确舆论引导人，以高尚精神塑造人，以优秀作品鼓舞人为目的，这是编辑出版工作者的根本任务，也是编辑职业道德的基本要求。可见，社会主义市场经济条件下的编辑出版工作，要不走偏方向，要为读者提供优秀的精神食粮，编辑人员就要更加讲究职业道德。

编辑身处社会文化最敏感的部位，对社会文化的变迁具有极强的敏感性，尤其是当社会充满了各种信息，不同文化形态发生碰撞时，编辑关注的目光就会始终投射在社会的道德、伦理、思想、艺术、宗教等领域。此时，编辑的道德将集中表现为准确把握新文化的发展方向，坚决摒弃旧文化中不合时宜的东西，通过选择、导向来建构新的符合时代精神的道德、伦理、价值体系。我们应当清楚地看到，当今中国编辑所面对的并不是真正的健全的市场经济，而是由计划经济向市场经济转型的过渡期。过渡期中市场行为、经济行为的不规范，必然造成人的社会行为的不规范。在这种历史时期，提高编辑人员的道德水平，无疑具有积极的意义，它必将对编辑的精神文化以及现实的社会文化领域产生重要影响。

2. 职业良心

职业良心是更加自觉的道德意识，对道德行为具有判断指导和督促的作用。那些职业道德水平高的编辑人员，有职业良心指导、督促自己的行为，有高度的责任感和自我评价的能力；不论何时何地，不论是否有外在力量的约束和督促，都能尽职尽责，按职业道德规范办事；如果没有尽到应尽的责任，在职业活动中发生违反道德规范的过失，就会受因职业良心的谴责而羞愧不安。

编辑要有高度的社会良知和严谨的治学作风，每编一本书，都要一丝不苟、兢兢业业，从政治影响、学术价值、资料数据，到文字语言及标点符号，做全面的审查校勘。一本好书的出版，编辑不但要付出辛苦劳动，而且要有乐于奉献、淡泊名利的情操。特别是在当前市场经济活跃，商品意识强化的环境中，更要经得起利欲诱惑的考验。编辑手中握有书稿的取舍大权，对出书的进度、发行方式和折扣、装帧档次等也都有一定的主导支配权。意志薄弱者，面对各种"好处"的引诱，不合格的书稿可以开放绿灯，本该做精雕细刻工作的变成粗制滥造。一些不法书商更以重金来收买国家出版社的编辑，从他们手中获取书号，制作各种低级庸俗、黄色淫秽甚至内容反动的坏书。一些被拜金主义思想俘虏了的编辑，由此堕落成为非法出版势力的代理人。

3. 职业理想

职业理想是人们在职业活动中要实现的目标和利益。每个人的职业理想都是不同的。从编辑的职业理想来说，追求社会的整体利益，就是为读者服务，为人民服务；就是多出有益于读者的书，多出促进科学文化发展的书，多出推动社会文明进步的书，多出有价值、有生命力的书。一个编辑能把这些追求作为自己的职业理想和道德价值目标，他就有了崇高的职业理想和人格，就能甘于寂寞，甘于清贫，无限热爱和迷恋自己的工作，并从中感到莫大的幸福和满足。

随着世界范围内兴起的新技术革命的到来，编辑的社会作用已被赋予新的含义，编辑已不再是过去"为他人做嫁衣裳"的"编书匠"，而是新的社会知识信息选择、加工、传播和积累的组织者，是人类灵魂的工程师、社会文明的促进者、出版社的思想家和智囊团。因此，编辑的职业是崇高的，理当受到社会的尊重。

二、业务技能

编辑的业务技能是编辑者从事编辑活动的本领。编辑的业务技能如何，直接影响到编辑活动的效率与质量。编辑的各种业务技能、技巧的结合，充分体现了编辑的才华。

编辑的专业技能主要表现在以下两个方面。

（一）广博的基础知识

编辑工作涉及知识面非常广博，这种工作特点，决定了编辑人员必须具有广博的知识层面。

第一，必须具有马克思列宁主义的基本理论知识和科学的思维方法，具有概括问题、分析问题的能力。

马克思列宁主义的基本理论知识是我国编辑工作者必须具备的。只有不断提高编辑的马克思列宁主义的基本理论水平，掌握科学的思维方法和高度概括、深入分析问题的能力，才能使编辑具有坚定的政治立场、敏锐的观察能力和准确的是非判断能力。

第二，现代编辑应尽可能广博地掌握自然科学知识和社会科学知识，二者缺一不可。

科学飞速发展，知识需要高度的专业化和综合化，自然科学和社会科学更加密切结合，并由此派生出新的边缘学科或交叉学科。从书刊编辑的实际来看，即使是专业性很强的书刊，涉及的知识也不会仅仅是一个狭小的范围。因此，社会呼唤现代编辑既要成为"学者"，还要成为"杂家"。

每一个编辑，除了具备广博的知识外，还必须精通自己所分担的编辑专业和相邻的专业。如果你是个物理学图书的编辑，你应该专于物理学，熟悉物理学，了解国内外物理学的发展趋势，以及国内外物理图书的出版情况和动向；如果你是一个少年儿童图书的编辑，就要熟悉少年儿童教育学、少年儿童心理学、少年儿童社会学，以及少年儿童书刊的编辑特点和国内外少年儿童读物的出版状况、动向和趋势等。就像数论教授精通他的数论教学，生态学家专心于他的生态教学研究一样，物理学编辑应精通他的物理学图书编辑工作。这就是说，编辑必须在广博的知识基础上，精通自己所分工的编辑专业。一个编辑，如果只有"博""杂"而没有对自己所分工专业的"专""精"，是不可能做好工作的。

知识面广博，或者说"杂"，是编辑这个专业的特点。图书出版需要编辑发挥作用的地方，正是它的"博""杂"，以此来弥补其他专业工作者精于自己的专业而知识面不广的缺点。因此，编辑的专业须专在他的"博"或"杂"的特点上，专在充分发挥这个特点的作用上。换句话说，编辑的"杂"就是他的专，编辑的专就要专在他所专业分工的编辑工作上。这就是物理学图书编辑与物理学教授、物理学家的专业区别所在。编辑的这个专业是客观存在的，只是人们尚未认识到它。其实，以"博"为专业，博中有专的专业，也并不是只有编辑这个专业，科学学、未来学、管理学都程度不同地具有这个特点。

除了编辑的专业分工外,编辑的专还表现在编辑工作有一套专门的规律、技术、艺术和方法,编辑必须精于此道。不论是组稿编辑,还是技术加工编辑,都要有这种过硬的专业功夫。

在现代中国文化人中,伟大的文学家、思想家也是当之无愧的文化缔构者的鲁迅先生就不单具有广博的知识,同时也有专门的学问。他除了创办并编辑刊物外,自己写下的有研究论文,有创作,也有翻译。笔墨所及,不仅社会科学,还写出了《中国地质略论》《人之历史》等自然科学论文。鲁迅的出色之处,不在于他的专,而在于他的通,能将多种学问和社会政治沟通。

其他如茅盾、叶圣陶等老一代学人兼编辑人的学识都是既专又博,为我们现代编辑者树立了很好的榜样。在新时代,更新知识能力的强弱是决定一个编辑有否发展前途的大问题。这种能力的形成,首先是靠本人对更新知识的自觉性,并能够做到永不自满。新时代的一个特点是形势变化快捷,要求企业具有灵敏的快速应变能力。形成企业应变能力的决定因素,是该企业职工的应变能力大小。因此,应注意培养编辑的应变更新能力,使他们的学识、能力、技术能迅速地适应快速变化着的形势和迅速发展更新的科学技术。

(二)扎实的文字功底

1. 要有较高的中文修养

对于中国的编辑来说,具有较高的中文修养是从事所有专业的编辑必备的基本功。即使外文图书的编辑,没有较高的中文修养,也是无法做好编译工作的。编辑应能掌握基本的语言、文字、语法、修辞、逻辑知识,能正确使用标点符号。

编辑的主要任务是审读原稿,审稿除要注意其政治思想性、科学内容、篇章结构等以外,也应十分注意其文字表达。编辑的一个重要任务是做好文字工作。防止和消灭出版物上的文字错误是编辑人员不可推卸的责任。出版物上出现的文字错误,大多是由于编辑人员头脑中缺乏语法修辞观念,无视语言的重要性,没有练好这方面的基本功,以致很难用规范的尺度去衡量原稿,并对原稿进行认真、准确的文字加工所造成的,这是编辑人员的失职行为。文字规范中没有小事。即使是计算笔画、编排笔顺这样的琐碎小事,在特定情况下,也可能成为大事。书报刊上的文字,必须是符合规范的,语言必须正确、鲜明、生动,符合语法、修辞、逻辑。不通的地方要改通顺,可能产生歧义的要改明确,不合规范的要改得符合规范。简体字有规范的写法，繁体字也有规范的写法。编辑、校对人员要懂得文字常识，了解有关繁体、简体、异体、通假等知识。一名称职的编辑应仔细揣摩文稿的内涵和作者的行文习惯，熟练地掌握语言规律，并得心应手地用之于编辑工作，最大限度地提高出版物的文字质量。

2. 要有较高的外语水平

在信息时代，一名编辑能直接阅读外文资料，直接掌握世界各地的最新信息，及时分析、处理各种有用信息，是更好地发挥编辑作用的重要手段。懂得外语、外文，也是开展国际出版合作所必需的。编辑的外语能力主要表现在他们能否适应经济、科技、信息、贸易等全面国际化的时代需要。编辑应至少懂得一种外语，不仅能阅读，还能听、写和交谈。懂得外国的经济、政治、科技和社会各方面的情况，懂得贸易业务、商业常识、金融知识、法律知识，并了解外国的风俗习惯，能与外商谈文学，聊艺术，交流哲学观点等。

3. 要有较强的写作能力

编辑的写作能力主要是指编辑应用文的写作能力。这是联系出版社内外、发挥编辑的中介作用所不可缺少的。从某种意义上说，一个编辑好比一个医生：他不但会确诊疾病，他还得会用药或开刀。编辑不仅要判断一部稿子的优劣，有时他还必须拿起笔来帮助作者修改或润色。因此，编辑必须经常练笔，有较高的写作能力。其实，写作的事，确是编辑的日常功夫。如出版社内部的选题报告、编辑计划、市场调查等，如出版社外部的约稿信、退改信、日常联系信等，以及新书预告、书刊简介、书刊评论等，还有反映和交流编辑在日常工作中的研究成果的专业学术论文、科研报告等，都得编辑人员自己动手完成。编辑写好这些文章，能使出版物得到更好地创作和传播，充分实现出版社的社会职能。同时，写好编辑应用文也能充分体现编辑人员的政治思想、业务知识和总体水平，体现编辑在书稿组织、制作和传播中的辛勤劳作和创造精神。

（三）熟练的专业技能

业务能力是编辑的一种基本能力。编辑应熟悉编辑、出版、销售等全部出版工作，并精通自己的编辑专业；高度的文化修养和现代化经济、科学技术的广博知识，是不论从事社会科学，还是从事自然科学书刊出版工作的编辑们都应该具备的业务能力。

现代编辑人员应具备以下业务技能。

1. 掌握电脑编辑手段

广大编辑出版人员要转变观念，以积极的态度和拼搏精神，主动投入到与"信息高速公路"接轨的准备之中。

如今，计算机已进入人类生活的各个领域。计算机的出现使出版印刷业告别了"铅与火"，迎来了"光与电"，出版物已由传统单一的纸介质发展为图书、电子、音像多种出版载体，形成纸张和声、光、电、磁共同发展的立体形现代出版产业。编辑原有的知识储备有些已不适应时代的要求，需要加强科技意识，增强运用科技的紧迫感和责任感，提高自身的科技素质。

要尽快实现"编－排一体化"。"编－排一体化"可作为实施编辑出版信息化过程的开端。就是由编辑人员自行操作电脑，边审稿边向计算机输入稿件，然后在计算机屏幕上进行编辑加工，并同时完成版面设计和版面组合。经主编审稿后，生成排版大样，即可直接用于制版印刷。由于编辑人员掌握了排版的主动权，省去了在原稿上的修改和标记工作，避免了排版过程这个中间环节带来的许多麻烦。而且计算机屏幕对版面显示的快速与直观，可以使编辑人员十分方便地在屏幕上进行编辑加工、版面设计及方案比较，以获得最优编辑效果和最佳版面组合。随着计算机的普及，作者还可以提供软磁盘稿件，编辑人员可直接上机进行审稿与编辑加工。显而易见，"编－排一体化"可以大大缩短编辑出版周期，提高编辑工作效率和版面质量。目前，新闻出版界对实现"编－排一体化"的重要性、必要性和可能性已有了充分的认识。早在20世纪80年代初，就有个别编辑部开始引入电脑，尝试"编－排一体化"的模式，但并未得到推广。究其原因是缺乏追赶信息社会的竞争意识。随着信息化程度的提高，计算机在编辑工作中的应用远不止排版这一功能，未来期刊管理、电子出版物的制作，以及信息的接收与传播等都离不开计算机。面对21世纪信息社会，尽快实现"编－排一体化"已是形势所迫。

2. 熟悉有关标准化规定

编辑的核心活动是审稿、编稿，其中有许多政治、艺术、学术方面的问题，不是简单的工艺技术可以概括的，也很难用规范来说明。但是，编辑工作中也存在很多操作技术方面的问题，不可忽视。这些操作技术具有规范性和标准化，主要由编辑人员来掌握。

在经济、技术，科学及管理等社会实践中，人们认识到，对重复性事物和概念，必须制定标准并发布和实施，才能获得最佳秩序和社会效益。这是标准化发展起来的根据。没有标准化，国际上科学技术的交流和经济贸易简直是不可能的。

在编辑出版工作中，涉及标准化的问题很多，最重要的有书刊名称标准化、汉字使用标准化、汉语拼音标准化、科技名词术语标准化、标点符号标准化、数字用法标准化、地名标准化、人名标准化、版权著录标准化、书籍标准化、国际书号标准化等。

这些标准化的规定，有的是国家有关部门用法规形式颁布的，有的是国家标准局拟订试行的。执行时有的是刚性的，有的有一定的灵活性，编辑必须勤学习、勤翻检，备齐各种工具书和有关文件，认真对待。

语言文字是人际交流的工具，我国历来十分重视语言文字的规范化，这对国家的统一、民族的融合产生了巨大的凝聚作用。古代，采用命令颁行、镌刻石经、编印字书等手段来昭示规范，并在官方文书、科举考试中严格执行，因为一个字不合规范而致祸或落第的事常有记载。中华人民共和国成立初期，国家成立了文字改革委员会，采用制定文件、发布字样、专家撰文、编写教材等多种方式，推行语言文字的规范化，取得了很大成绩。毫无疑问，编辑人员在语言文字的规范化方面担负着十分重要的使命。编辑要熟悉文字规范的有关规定，并随时了解国家权威部门发布的新规定，勤查工具书。

3. 较高的审美能力

出版物不仅要求内容美，而且要求外形美。编辑人员就应具有较强的审美意识，善于进行美的建构。

过去出版社分工较细，文字编辑负责稿件的加工，技术编辑负责版式设计，美术编辑负责封面装帧等。现代对编辑的素质要求越来越高，一位编辑可以将采编发负责到底。所以提高审美能力不单是文学、美术编辑的事情，所有编辑人员都要了解美的规律，提高审美能力，使书报刊质量得到更大提高。

4. 熟悉出版印刷业务

编辑人员和出版印刷以及发行销售工作密切相关，有相当一部分是相互交叉、相互制约的。编辑人员要积极主动地参与其中，认真考虑这些相关工作，学会其技能，掌握其规律，这也是现代编辑的专业基本功的重要方面。

三、创新精神

编辑是高知识阶层，从事的是精神产品的生产。编辑通过独具特色的创造性劳动，为社会的精神文明建设做出自己的贡献。编辑的业绩与荣誉有赖于编辑的创新精神。

早在 20 世纪 50 年代，刘少奇同志在一次会议上曾郑重提出：编辑工作是社会职业中一种"高级的创造性劳动"。这一提法从编辑任务的艰苦性、心理活动的复杂性、个性能力的完善性上确认"创造性"是编辑职业活动的本质特征，而创新思维则是编辑思维活动的基本特色。

（一）编辑工作富于创新精神

编辑工作是对资料或现成作品进行整理和加工，这种工作有别于记者的工作是采写新闻，教师的工作是教书育人，作家的工作是创作文学作品等。长期以来，人们总是狭义地去理解编辑工作，把编辑工作简单地看成是修修改改、删删补补，认为这个不具有创造性。实际上，任何工作都具有创造性，所谓的"创造"，就是指首创前所未有的事物，即创新。发明创造是创造，创造新纪录是创造，在工作中某个方面、某个环节的革新也是一种创造。编辑工作是一种特殊的创造劳动。忽略编辑工作的创造性，是导致我们的出版物质量滑坡的重要原因。

编辑工作作为一种制作、记载和传播人类社会文明载体的活动，一种由经过专门训练、具有专门素质和技能的人从事的工作，有着不同于其他工作的特点，有自己特定的矛盾和规律。如果说著作者是总结人类认识世界和改造世界的成果，那么，编辑的任务就是对这些成果进行鉴定，去粗取精，去伪存真，遴选、改造、优化、提高，然后传播给社会。编辑工作不是简单的技术工作，而有其自身的规律。编辑人员要在选题、组稿、审稿、加工整理、整体设计等编辑实践中总结探索它的规律性，并以此指导实践活动。如此循环往复，逐步提高自身的理论修养，才能使编辑工作不致成为盲目的实践，而成为自觉的创造性劳动。只要严肃地考察和研究编辑工作的实际，按照创造科学的理论思考问题，就会发现编辑的劳动是创造性劳动，在一定程度上会影响编辑出版成果的创造性。

一个有重要社会价值及经济效益的选题的形成，实际上是编辑人员运用自己已经积累的知识与经验，结合学术动态、市场需求，进行加工组织后开发出来的，与企业开发一个新产品、科学家发明一项新技术具有同样的性质和意义。虽然选题的确立还只是处在成书的预备阶段，但已为优秀图书的出版注入了潜在的生命力，是创造成果产生的首要的组成部分，是创造系统工程链上的重要一环。一些人认为，选题组稿似乎并不十分明显地表现出编辑的主动性、能动性，这是不对的，它实则是编辑思维创造功能的综合运动。编辑在组织选题时要考虑政治导向、新闻出版方针、本出版社的专业范围，要了解该学科领域的发展趋势和成果信息，以避免重复劳动。编辑要有"重构意识"，重在求异，讲究选题上的独特性，这种"求异"就是创造。此外，编辑还要有"问题意识"，即在组织书稿时，要对书稿的原创性、学术性、专业性、读者层面等一系列特殊性进行认真观察、思考、分析，明确地提出问题和对策。

编辑要对各种风格、各种档次、各种水平的原稿进行挑选，确定有价值、够出版标准的东西，这种学术预见力和判断力是编辑站在一个更高角度对原稿的认定。原稿可能有闪光的思想、新颖的观点，也可能平淡无奇，或者观点模糊、论述不清不透，编辑以第一读者的角色对原稿进行理解，既有自己的知识结构和学术观点，也有属于自己独特的立场和方法，精心地指漏补缺，在尊重作者原意的基础上提出建设性意见，更是进一步发现和完善作品的创意。编辑对原稿增删、修改、润色等则是编辑对相关知识的熟能生巧的创造性运用，涉及到思维的灵活性、适应性、变通性，伴有灵感、直觉、联想、想象、推理、判断等隐含创造力的高级思维过程。

（二）编辑工作的创造过程

编辑工作的创造性体现在编辑工作的各个环节。编辑在工作中应时时提醒自己所从事的是一种创造性工作，要奉献给读者全新的产品，这样才能在工作中增强创新意识。

编辑创造贯穿于编辑工作的全过程，从选题的提出到书籍的问世，整个出版链条均由编辑的创造性劳动衔接。但是，由于一部分书稿的成稿质量不同，编辑凝结于其中的创造性劳动也存在差异。

任何事物的产生都有其初始的孕育过程。出版工作的起点是选题，其来源既可能是编辑，也可能是作者。一名具有创造意识的编辑经常处于出版工作的起点，进行图书选题的挖掘，成为精神产品的原创者，策划出一个个前所未有的选题。因为只有在自己内心酝酿已久并呼之欲出的选题，才最能反映创造主体的原创意念和出版目的。以后的一切编写著述，都是编辑出版意图的体现，都要在编辑的指导与调度下运行。

编辑原创的一个突出特点就是抛出思想，留给别人去完成。经过一系列艰苦的创造性思维过程，编辑提出一个崭新的著述思想，设计一个新颖的题目，编写出详细的提纲，甚至将所需的有关资料都准备齐全，然后交由别人去进行具体的编写并形成最后的果实。

有时，编辑产生了选题意念或有了某种出版构想，当时又不能做出准确的判断，难以做出决策，这时他就需要向有关方面的专家请教，或同被邀请的作者共同商量；有时，作者只是拿出来一个初步的想法或写作草图征询编辑的意见，这时也需要编辑与之共同磋商。此时，编辑便同作者一起进入了创作阶段：从题目的最后敲定，到书稿的全部完成，编辑始终都在与作者进行着同步的创造。但是，由于编辑的特殊身份，他不能与作者处于平等的创造主体地位，因为书稿的主导权始终应该由作者掌握，编辑既不能撒手不管，也不能越俎代庖。

编辑与作者同步创造的过程也是大多数书稿产生的过程，特别是对于那些缺乏写作经验的作者，更需要编辑付出较多的心血。为了挽救一部书稿，培养一位新人，编辑常常要不厌其烦地"手把手"帮助作者"从头做起"——从写作的指导思想、总体构思到拟定具体的编写提纲、制定编纂体例；从资料的选用、观点的阐述到风格的确定、技巧的运用，都要提出详细、具体的建议和指导。有时还要将自己多年的知识积累、生活经验，甚至研究成果和创作素材全部贡献出来，以弥补作者的不足，其精力的投入和智力的付出，往往超出自己的独立创作。

编辑的一项基本功就是要能"化腐朽为神奇"。能在原稿的基础上进行深度加工，在审读意见中提出具有创造性的建议和思想，并得到作者的认同，这是一名合格编辑的重要素质。作者提供的选题或交寄的书稿，经过编辑进行论证、比较和挑选，最终列入出版计划，但距最终出版仍有很长的路要走，这中间主要的工作就是编辑再创造性劳动的投入，即在作者第一次创造成果的基础上进行第二次创造。

这第二次的次生创造也是一种高难度的创造。因为在这个阶段，编辑面对的是一个已经定型的成品，既要严格遵守"多就少改"的编辑原则，又要坚持履行自己的编辑职责，把好书稿质量关。这就不仅要强调创造性，而且在很大程度还要依赖单纯的艰苦作业，依赖编辑的日常训练。他要全面了解此类选题的出版现状，掌握作者的著述风格以及本书稿所达到的水平；要对作者所阐述的问题有较深入的研究和全面认识。只有准备充分，编辑到位，才能有所发现并提出具有较高的编辑"技巧"——既要尊重原作的风格与作者的意见，又要通过自己的"再创造"使原作的内容更加丰富，论述更加严密，观点更加正确，形式更加完美，在各方面都有一个质的飞跃。

对书稿内容的编辑加工结束以后，编辑的创造就进入了另一阶段，即进行形式的修饰与营销的策划，包括撰写内容提要、前言或后记，编制索引，对版式、封面设计和印制材料与印制质量提出要求与建议，编写征订单与宣传资料，撰写或组织书评等。这些看起来似乎都是无足轻重的小事，其实却是很重要的后续工作，同样是需要用一种严肃认真的态度和创造精神去完成的。可以说，一个选题的最后确定，既有作者的主体性创造，也有编辑的后续性创造。

后续创造是编辑创造的重要内容，是图书出版的重要组成部分。在竞争激烈的市场经济条件下，图书的"包装"与宣传评价工作也具有了明显的价值，因此编辑的后续创造也就显得尤为重要。它是一部有价值的著作能否实现其使用价值——最终进入消费领域，被读者所接受的重要保证。

（三）创新能力的培养

编辑人员要充分发挥主观能动性，使整个编辑工作充满创新精神，编辑应着重从以下几方面努力。

1. 观念新颖

制约编辑的创造性最大限度地发挥的有两个因素，一是编辑本身的惰性，怕动脑；二是受传统观念的束缚，导致思维的僵化，所以我们应充分重视更新观念和激发思维。

书刊作为第三产业的一员，已开始走向市场。在市场经济大潮中自主沉浮，这一方面需要有竞争的勇气，同时也要求编辑更新观念，摒弃以往那些失去了生命力或阻碍书刊发展的旧意识，强化一些往昔未受重视或需要重新树立的新观念。对编辑主体而言，观念现代化是指对编辑理论、程序、技术、管理、经营、效益等一系列与编辑工作相关因素所形成的综合意识。除原有的质量意识、读者意识、服务意识、效益意识外，当前编辑工作还强调创新意识、超前意识、时效意识、价值意识，以及与市场经济相适应的商品意识、竞争意识、经营意识和有偿服务意识。增强这些现代观念、意识，已成为提高编辑素质的当务之急。此外，现代科研常借鉴其他学科的概念、方法，控制论、系统论、信息论等已广泛应用于各领域，其名词术语使用频繁，接受这种变化并与之协调、适应，也是编辑应具有的新观念。

编辑必须从过去的"修修改改，删删补补"的观念中跳出来，否则，对编辑工作抱有机械的态度，编辑加工时就会缩手缩脚、思维僵化、墨守成规，就会采用现教条化编辑方式，"来什么稿编什么稿"，"上面叫怎么办就怎么办"，不注意把上面精神与下面实际结合起来，缺乏创意、创新、创造。编辑在加工稿件时不是被动地在原稿上修修改改、删删补补，而是能动地对稿件内容提出意见和建议，能动地去判断稿件内容的政治思想导向性。如是否正确地反映了客观事物的本质，是否反映了群众最关心的社会热点、焦点；反映是否透彻，角度是否合适，内容是否新颖，表达方式、形式是否最佳。能帮助作者找出不足，发现新的新闻线索就是一种创造；标题制作上有新角度，版面设计上有新意等，这些都是编辑创造性的体现。

2. 信息灵通

今天的出版业正处在由新技术革命引起的科学技术大发展时代。这种发展，日益依靠着最新信息的搜集和利用。信息已成为一种财富，一种商品，一种决定事业发展和企业命运的重要因素，信息的流通速度和筛选使用率，已成为衡量一个出版社，乃至整个社会发展程度的重要标志。

传统的情报加工是由图书馆系统的情报部门进行的，情报加工人员要对大量的文献进行阅读、筛选、分类，还要进行标引或索引等一系列的情报加工活动。文献经过"收集—情报加工—编辑出版"而变为情报信息的时间越短越好，如以编辑对稿件有较全面的了解为前提，以编辑加工作为情报加工的基础，在进行编辑加工的同时进行情报加工。随着"编-排一体化"的实现，编辑人员可以在操作电脑对原稿进行编排的同时，进行文摘、主题词、分类标引等内容的情报加工。这样，大量的情报信息将与文献同步出现。在信息大爆炸、知识老化速度极高的今天，加快"编辑-情报一体化"的步伐已迫在眉睫，刻不容缓。

信息时代要求编辑人员有较强的信息意识，善于获取、分析和利用信息。这既是更新观念、激发思维的基础，也是提高出版物质量的前提。信息不灵，制定选题时无法保证选题的新颖性，有了好的选题也会找不到合适作者；信息不灵，审稿时也难以判断书稿的优劣，甚至把别人早已完成的东西当做最新研究成果。搜集和处理信息，以满足不但成为编辑工作的一项基本业务，而且还是编辑工作创新的前提。

获取与研究信息是一项经常性的基础工作。编辑人员要多渠道、全方位地收集国内外信息，以满足编辑工作所需，一切有助于提高编辑人员修养和素质的信息都要及时收集、贮存，并随时补充、订正，逐步形成自己的信息库。编辑人员要关心天下大事，多走、多听、多读、多记，随时注意收集、整理、分析信息，使自己耳聪目明，头脑敏锐，并充分利用信息不断改进编辑工作。

第二节　出版活动的社会意义

出版活动作为一项重要的社会活动，能够对人类社会的存在与发展做出积极的贡献，这就是出版活动的社会意义。对此，我们可以从以下几个方面进行归纳。

一、出版是记录、反映人类文明的重要手段

人类文明，必须通过一定的文化形式记录和反映出来，才能留下自己的历史轨迹。在众多记录与反映人类文明发展历史进程的形式与手段中，出版是最为重要的手段。

记录人类文明的手段主要有两类：一是实物记录；二是文字记录。文字记录大多是通过出版活动来实现的，这一点不必多说。实物记录也离不开出版活动。1978年湖北随县擂鼓墩一号墓出土的编钟，使人们对楚国的文化有了进一步了解。说明编钟这一实物同样能记录人类文明。凡被贯以"文物"称号的实物，无疑都有着极为特殊的文化存在价值。但实物所记录的人类文明，需要经过研究人员深入研究，并将研究成果撰写成书稿或文章，公开出版或发表之后，才能被人们所认识。湖北随县擂鼓墩一号墓出土的编钟，就是通过大量研究编钟的出版物的问世才使人们了解全貌的。从这种意义上讲，出版活动不仅直接形成了大量人类文明的文字记录，而且还能对用实物记录的人类文明做出解读。两种记录人类文明手段的运用都与出版活动有着密切联系。

反映人类文明的形式多种多样，但无论哪种形式，其反映的结果最终大都要通过出版物表达出来。以文学艺术与哲学社会科学为例，两者作为社会意识形态，都是反映社会文明存在的形式，之所以成为两种不同的反映形式，是因为两者反映人类文明的方式有区别。哲学社会科学对人类文明的反映是通过抽象的概念来表达的，而文学艺术则通过对具体生活情景的描写来形象地反映人类文明。尽管这两种文化形式反映人类文明的方式不同，但它们最终都要通过出版活动将反映的结果固定在某种形式的出版物上，才能对社会产生影响。如果说，在中世纪，因为反映人类文明的文化形式大都是通过心记口传来为人们所接受，所以出版活

动与这些文化形式关系还不很密切的话，那么到了今天，离开了出版活动，则任何文化形式对人类文明的反映都将受到极大的限制。

总之，在现代社会，无论是对人类文明的记录，还是对人类文明的反映，都离不开出版活动。出版是记录与反映人类文明的重要手段。

二、出版是交流传播知识信息的重要渠道

知识信息的交流传播是人类社会发展进步所不可缺少的条件。21世纪是传媒高度发展的时代，知识信息的交流传播渠道已呈现多元化的态势。在众多的知识信息的交流传播渠道中，出版因其特有的机能迄今为止仍处于不可替代的地位。出版活动的知识信息交流传播机能主要表现在以下两个方面。

一是出版活动具有使知识信息物化的机能。知识信息是储存在人们大脑中的一种对客观世界的反映与认知，是人们运用大脑进行思维的结果。作者将自己的思维成果写成作品，实现了知识信息的第一次物质化；而要使这种思维成果留存下来，并成为人类社会共同的财富，则需经出版过程进行第二次物质化，即对作品进行筛选、审阅、加工后，运用一定的制作方式批量复制成出版物。这种将知识信息物化的特有机能的发挥，为知识信息的广泛传播创造了条件。

二是出版活动中的商业化运作能使出版物在民众中普及，使其所蕴含的知识信息得以传播。出版活动的商业化运作过程，除了使出版物以商品交换方式广泛地进入消费领域，使知识信息借出版物载体的大量散布而得到广泛传播之外，还能通过普通的商品促销活动直接向读者传播知识信息。沈阳市新华书店一门市部宣传推销《吸烟与肺癌》一书，将该书中的一个戒烟的验方摘抄下来张贴在橱窗里，每天在橱窗下抄录该验方的人竟络绎不绝，出版宣传促销过程中的知识传播意义由此可见一斑。

三、出版是促进人类思维创新的重要武器

人类的思维过程是一个对客观世界不断进行认知探索的过程。在这一过程中，一方面，人们通过出版能够将认知成果记录积累起来，启迪后人的思维，后人可以直接在前人认知成果的基础上继续探索，进一步深化与完善对研究对象的认识；另一方面，后人可以从前人的研究方法中吸取精华，使思维本身得以改善，如从出版物内容中，后人可以吸收历史上著名哲学家的思想理念与科学家的认知规律，从而使思维变得更为深刻，也更为全面。

人类的思维创新是一个不断抛弃旧的观念、接受新思想的过程。在这一过程中，出版的重要作用在于通过传播先进的思想、文化和科学来解放人们的思想，提高人类对客观世界的认知能力，促使人们认清社会前进的方向，从而努力推动社会朝进步的方向发展。如欧洲文艺复兴，就是因为大量古代著作的整理出版和一大批具有新思想的作品（如拉伯雷的《巨人传》、卜伽丘的《十日谈》和但丁的《神曲》等）的问世，唤醒了民众的人文主义意识，使新兴的资产阶级获得了从思想上战胜教会统治的武器，从而推动了社会进步。

四、出版是发展教育事业的基本条件

出版与教育事业的联系十分密切。教育产生于社会文明的发展，而教育的发展则成了催生出版行业的重要因素。出版作为一种重要的教育手段与工具，在国家教育事业的发展中具有非常重要的作用。正如《中共中央关于加强出版工作的决定》中指出的那样，从积累传播人类历史的优秀文化成果到发展社会主义新文化，从扫除文盲到发展尖端科学技术，从教育学龄前儿童到培养各种专业人才，都离不开出版发行工作。

出版从以下三个方面为教育事业的发展创造了重要条件。

（1）出版为学校教育提供了文献资源条件。无论何种类型的学校教育，都需要课本、教材以及必要的教学参考资料。这些文献资源作为教育的根据，成为发展学校教育不可或缺的条件。此外，在大学教育中，人们常说的三大支柱，即师资力量、教学设备、图书资料。图书资料能成为高等教育的三大支柱之一，本身就足以说明其在高等教育中的重要地位。

无论是中小学使用的课本，还是大学使用的教材以及大学图书馆里珍藏着的数以百万计的各种类型的书刊资料，都是出版行业生产出来的产品。如果不将这些办学中使用的文献资源按时地生产出来并及时供应给学校，学校的教学活动就难以顺利组织。学校教育中人才培养目标的实现离不开由出版活动所创造的文献资料条件。

（2）出版为教育方式的改进提供技术条件。从手抄复制到雕版印刷，从活字印刷到现在的电子与网络出版，出版技术所经历的一次次飞跃，都可以说是教育发展的结果。印刷术的发展打破了少数封建士大夫阶层所享有的教育特权，使教育走向社会，实现了职业化；电子与网络出版技术的发展实现了文献传播手段的多元化、电子化、网络化，使社会教育系统逐步突破学校围墙、教室等空间限制，形成了立体式的教育结构。此种新的教育模式的形成以及随之出现的各种新的教学手段的运用，没有由出版所提供的相关产品与技术的支持是不可能实现的。

（3）出版为社会教育营造良好的自学条件。对于没有机会接受学校教育的人来说，出版物是其自学成才的主要手段。出版物能向他们传播科学文化知识及各种专门技能，它不仅能培养人的识字与阅读能力，发展人的智力，而且能够锤炼人的政治品质、道德修养。对于已不再接受学校教育的人来说，出版物则是其接受继续教育的良师益友。随着出版产业的迅猛发展，出版物卖场规模越来越大，陈列的出版物品种越来越多，读书的环境也越来越优良，这就为期望通过出版物继续学习的广大读者提供了良好的自学条件。

五、出版是推动社会经济发展的重要产业

出版推动社会经济发展的作用是通过以下几个方面来实现的。

（1）通过出版，提高劳动力素质，促进社会生产力的发展。随着科学技术的发展，社会对劳动者科学文化水平的要求也越来越高。提高劳动力素质，已成了社会经济发展的一个重要条件。通过出版活动，向劳动者提供健康有益的出版物，一方面帮助读者提高思想政治水平，提高劳动者的政治素质，另一方面向读者传播科学文化知识，提高劳动者的科学文化知识水平。劳动者素质的提高，能直接促进社会生产力的发展。

（2）出版可以传播科学知识，使潜在的生产力转变为现实的生产力。出版物中蕴含的科学知识是人类的共同财富，是潜在的生产力。通过出版编辑过程，不断地吸收先进的科学知识，使之贮藏于出版产品之中，再通过流通传播，让科技知识能为劳动者所获取，并能及时应用到生产活动中去，这就使潜在的知识内容转化为现实的生产力。

（3）出版可以传递经济信息，加快社会经济发展的速度。在社会经济领域，无论是从事新产品的开发，还是组织大规模的应用生产，都只有在准确掌握有关信息，在他人最新经验的基础上去行动，才是最有效而经济的办法。在信息不灵的情况下一切靠自己摸索着去干，不仅不会有高速度的发展，还往往造成人力、物力和时间的浪费。出版使许多含有重要信息的书刊得以大量复制与传播，为信息的传递创造了良好的条件。因此，加快社会经济的发展速度是离不开出版业的。

除此之外，作为一个产业，出版业本身有产品、有产值、有效益，是整个国民经济的一个不可或缺的组成部分。

第三节 出版策划与运作

一、出版策划的意义与原则

在阐述出版策划对出版业发展的现实意义之前，我们必须首先明确什么是出版策划。

（一）出版策划的含义

策划一词，最早出现于我国汉代文献。西汉刘安的《淮南鸿烈·要略》中，有"擘画人事之始终者也"的记载，南朝宋范晔的《后汉书·隗嚣传》中也有"是以功名终审，策画后得"的记录。这里的"擘画"和"策画"即为今天的策划之意。美国哈佛企业管理丛书编纂委员会认为："策划是一种程序，在本质上是一种运用脑力的理性行为。基本上所有的策划都是关于未来的事物的。也就是说，策划是针对未来要发生的事情做当前的决策。换言之，策划是找出事物的因果关系，找出未来可采取的措施，作为当前决策的依据，即策划是预先决定做什么，何时做，如何做，谁来做。策划如同一座桥，它连接着我们目前之地与未来我们要经过之地。"

在我国出版领域，策划活动也早已存在。据清康熙年间的《无锡县志》载，明代以铜活字印书出售而扬名于书业界的安国，在出版物经营中采用"居积诸货，人弃我取"的策略，"行之二十年，富几敌国"。这是通过成功的出版经营策划而得以致富的典型案例。近代书商孙殿起在《琉璃厂小志》中也介绍了清代北京书店街各派书行中最负盛名的"五柳居"和"鉴古堂"所策划施行的经营谋略：陶氏的五柳居，"与人贸易书，不沾沾计利"，以刻书的精审及信誉取胜；韦氏的鉴古堂则"好持高价"，但重宣传，"韦年七十余矣，面瘦如柴，竟日奔走朝绅之门。朝绅好书者，韦一见审其好何等书，或经济、或辞章、或掌故，能各投所好，得重"。近代出版业，也不乏成功策划的实例。张元济主持商务印书馆时，校印百衲本《二十四史》，影印《四部丛刊》；东渡访书，又编辑《读古逸丛书》，这都是成功进行选题策划的具体成果。20世纪30年代，胡愈之在上海协同邹韬奋创办生活书店，策划了多种进步期刊和丛书，大力推进启蒙运动，在社会各阶层读者中为生活书店树立了传播进步文化的良好企业形象，被人们称为生活书店的总设计师。胡愈之先生在生活书店进行的策划实践，为出版企业形象的策划树立了典范。

上面所提到的出版经营策划、出版谋略策划、出版选题策划、出版企业形象策划，都可称之为出版策划。除此之外，与出版业发展相关的许多内容的设计与谋划，如企业公关活动设计、出版资源配置的安排、目标市场的谋划、宣传促销活动的构思、企业形象识别系统的设计等，都可归属于出版策划的内容范畴。

因此，我们可以对出版策划进行如下描述：所谓出版策划，是指策划者通过广泛收集与出版企业发展相关的信息来谋划、确定发展目标，并围绕这一目标的实现，对能产生最佳效果的行动方案进行设计，以此为科学决策提供依据的创造性思维活动。这一出版策划的概念，包含了以下几层意思。

（1）策划主体。策划者是出版策划的主体，也即出版策划活动的实际操作者。策划者可以是一个人，也可以是由许多策划人员组成的一个团队。出版策划者可以是出版企业经营者，也可以是作者、出版经纪人或其他的操作者，如书刊发行代理商、职业策划人、广告代理商等。策划主体的非唯一性为出版企业利用社会智力资源为出版业发展服务提供了良好的机会。

（2）策划的前提。策划必须建立在对策划对象充分了解的基础之上，而要了解策划对象的情况，就必须对有关策划对象的信息进行尽可能详尽的收集。策划人员所需信息的收集与把握是进行正式策划的重要前提。通过充分的调查研究，掌握了与策划对象发展相关的信息，就能有的放矢地对策划对象的未来发展进行有针对性的设计与谋划。缺少了作为策划基础的相关信息的收集与整理，出版策划会因缺乏依据而无从下手。

（3）策划的内容。正式的出版策划活动，由两项基本内容组成：一是要对策划对象的发展目标进行谋划；二是要对实现目标的具体方案进行设计。方案要围绕目标来设计，是针对目标的实现而制订出具体的行动思路。将这两项紧密相连的策划内容，按照一定格式，以文字为主、图表为辅的形式制作成书面报告，便形成了策划的具体成果。

（4）策划的目的。由于出版策划是在周密调查研究的基础上进行的，具有很强的针对性，所以，经过策划过程所谋划和设计的发展目标与行动方案，能够使出版运作产生最佳效果。策划成果经过一定的决策程序之后，便可成为出版运作的具体行动计划。按照科学决策后形成的行动计划运作，无疑能为出版业发展取得最佳效果提出保证。从这种意义上讲，出版策划的直接目的是为出版科学决策提供依据，但其最终目的是保证出版社的运作能取得最佳效果。

（5）策划的性质。策划是一种创造性思维活动。就策划的两项基本内容而言，为策划对象谋划发展目标，需要根据策划对象的具体情况为其选择一条正确而富有特色的发展道路，这条发展道路不仅策划对象过去未曾实践过，也不能与其他类似企业的发展道路相同，这就需要通过创造性思维进行新的设计。对实现发展目标的具体方案进行设计，同样离不开创造性思维，因为实施方案要根据本单位的具体情况来设计，并且本单位和其他类似单位都未曾使用过的方案才具有出奇制胜的效果。此外，策划是为决策服务的，为了确保决策的科学性，策划时往往还要设计几套不同的行动方案供决策过程筛选，这也需要从不同的角度进行创意。

（二）出版策划的意义

虽然出版策划现象早已在我国出现，但真正将出版策划作为出版过程必不可少的部分来予以重视则是近几年的事。计划经济时代的我国出版业，主要按照上级指令与预先制订的计划运行，各种类型的出版企业按照专业分工运作，不存在市场竞争，经营风险也不大，因此不太重视出版策划。随着市场经济体制的深入推行，出版业运行机制发生了很大变化，市场竞争加剧，经营风险增大，如不预先进行谋划，出版企业的生存与发展就难免遭遇更多的挫折。新的出版产业发展背景和出版企业生存环境，使出版策划已成为出版过程一个不可或缺的关键环节。

出版策划的具体作用可以从以下几个方面进行概括。

1. 策划能为出版企业的发展谋划正确的方向

出版策划包括很多内容，其中企业形象策划中企业经营理念的设计、企业行为识别策划等内容，即是对企业的生存目标、价值观念、经营哲学、行为目标等进行定位，这些内容对于出版企业的发展都具有方向性意义。企业公共关系策划中，对公关战略的谋划以及对公关策略的设计与运用，既能帮助企业树立良好的形象，也能有效地扩大企业的社会影响，为出版企业按照既定的方向发展创造良好的社会环境。通过具体的出版项目策划，能使出版企业明确目标市场，精心制作名牌产品，逐步形成自己的品牌特色和竞争优势。一个个出版项目的成功运作，无疑构成了出版业整体发展的正确方向，正是从这种意义上讲，具体的出版项目策划也具有了为出版企业的发展谋划正确发展方向的作用。

近几年来，我国出版界的一些知名出版单位的迅速崛起，无一不是通过科学的出版策划寻找到了具有特色的正确发展方向的结果。如云南省新华书店集团有限公司引进新加坡资本建造大型综合型出版物零售卖场，中信出版社积极引进国外畅销书版权推出一系列畅销书，清华大学出版社以电子出版为特色逐步形成自己的突出品牌优势等等，都是通过策划确立了正确发展方向从而迅速步入发展快车道的典型事例。

2. 策划能为出版企业的正确决策提供科学的依据

策划不是决策，但策划所提供的思路与方案，为科学而正确的决策创造了良好的条件。决策的本质是"决定与判断"，但决定与判断必须建立在一定方案设计的基础上，是对策划过程所设计的运作方案进行选择与确定。因此，以动脑筋对方案进行"设计、谋划"为特征的策划，也就成了整个决策过程不可缺少的一部分，成了决策过程的基础与前提。

以深圳市新华书店的发展为例，20世纪80年代中期，深圳市店受经济效益低下的难题所困扰，企业发展徘徊不前。为走出困境，深圳市新华书店店领导班子策划了提高经济效益的两套方案：一是根据深圳市新华书店地处经济特区、具有特殊身份的情况，对经营图书进行提价销售，将提价销售多得的利润用于扩大再生产；二是积极争取深圳市政府的优惠条件提供经营设施和建设用地，再用这些政府优惠批供的土地与外商联名开发，迅速扩大营业规模。深圳市新华书店店领导班子分析了这两种方案实行的可能性：对于前者而言，出版行政管理机关已特批深圳市与广东省新华书店试行在规定的销售折扣内实行浮动售书的政策，深圳市市民收入也相对较高，提价售书似乎合理合法；对于后者而言，市政府主要领导非常重视深圳市精神文明建设，曾亲临市新华书店视察，深圳市新华书店也获得了深圳市精神文明建设先进单位光荣称号，因此，新华书店因工作性质及在精神文明建设中的重要作用而获得政府所给予的优惠批地的可能性也很大。与此同时，大家对两方案的利弊也进行了分析：采用第一种方案提高经济效益可能更为直接与迅速，但有可能使新华书店在深圳市民中的良好形象受到破坏，对书店的长远发展不利；采用第二种方案，新华书店经济效益的提高可能需要一个较长的周期，但有利于维护企业的良好形象，有利于新华书店的可持续性发展。通过分析，深圳市新华书店领导班子成员统一了认识，在职工代表大会审议表决时，第二种方案获得了通过。后面的发展实践证明，深圳市店采用第二种方案是完全正确的。深圳市店利用市政府优惠提供的土地与外商联合投资建造了一座高达20层的大楼,为后来营业面积达13 000 m² 的"深圳书城"这一品牌的打造奠定了良好基础。深圳市新华书店这一决策的成功,无疑是市店领导班子事先所进行的周密策划为其提供了科学依据的结果。从这种意义上讲,没有成功的策划,就不会有正确的决策。

3. 策划能为出版活动的成功运作提供有力的保证

出版活动的成功运行是一项系统工程,涉及众多的环节,各相关要素的合理设计及其相互协调,是保证系统运行的基本条件。在传统的出版活动操作中,只强调选题策划,忽视了出版活动中同样重要的其他出版要素的设计,使许多良好的选题并没有顺利地成为优秀的出版产品,这种教训,应当吸取。在我国的出版业正朝着产业化方向大步发展的今天,我们要通过周密的出版项目策划,对出版活动所要实现的整体目标进行精心保划,开要对包括选题在内的各个相关要素进行全面的配套设计,便合种安素如产品、价格、渠道、促销等能处于最佳组合状态。通过这样的策划所形成的项目运作方案,经一定的决策程序之后就可确定为具体的实施方案。在此基础上进行的出版项目运作,其成功的概率就可大为提高。这是因为:第一,策划者的收集与分析、调研过程,要对与出版活动相关的信息有较为准确的分析,经过这一过程,策划才能更加切合实际情况;第二,有了一定了解,据此制定的经营目标也更加具有针对性,掌握的信息作为基础,制定实现目标的力未白费有条不紊地进行,用所策划的方案指导实际操作,能使操作过程有条不紊地进行;第三,经营实践中的许多不确定因素经过策划过程的谋划设计,大都进行了预测,策划方案中一般也包含了对这些经营中出现的非正常情况如何处理的预案措施。因此,策划过程能有效地消除经营中的不确定因素,大大降低了出版活动的实际风险。

4. 策划为出版工作者的思维空间与能力的有效拓展创造了条件

人的思维能力的状况,与本人的知识结构及生活的环境与活动的范围有着密切的关系,出版者本身的思维空间与能力也因此而受到了一定的限制。过去,不少出版单位因受本单位人员知识与专业结构的制约,一些极具开发潜力的出版方向与项目不敢涉足。现在,尽管对出版社出书范围的限制已经放宽了一些,但很多出版社按过去计划分工时代所配置的人力资源却因知识更新慢而无法开拓新的出版领域,因此使出版社在出书范围上难以实现大的突破。

出版策划机制的推行，为出版企业之外甚至出版行业之外的各界人士参与出版业的谋划设计提供了机会。社会各行各业头脑敏捷的策划人都能为出版业的发展出谋划策，无疑极大地拓展了出版业已有的思维空间与能力，对于出版单位而言，出书范围常常受自身思维能力与专业知识结构限制的状况就会大为减少。

（三）出版策划的原则

出版策划的原则，是出版策划中必须遵循的指导思想和行为准则。它是从大量策划实践中总结出来的符合出版策划活动客观规律的一些带根本性的要求。要确保出版活动的成功，策划者就必须遵循出版策划的下列基本原则。

1. 创新求异原则

这是要求出版策划大胆创新、求奇求特。创新求异是出版策划首要的也是最重要的原则，是出版策划本质规律的集中体现。创新求异原则的基本要求是新、奇、特。

（1）新，即出版策划要新颖，要善于构想出与以往不同的出版活动，包括新的思路，即敢于突破传统思维的束缚，提出新的构思；新的题材，即从近期出现的新事物中采集与提炼出具有新意的主题，并根据表达主题的需要安排新颖的活动内容；新的形式，即表现策划内容的出版活动形式要新鲜活泼，能给公众以全新的感受。

（2）奇，即出版策划要奇异，要善于策划出出其不意的出版活动，使策划的出版活动能给公众以"情理之中，意料之外"的感受，包括对活动目标的谋划要打破常规、别出心裁；对方案的设计要角度巧妙、出奇制胜；对活动的安排要出人意料、吸引公众，等等。

（3）特，即出版策划要具有独特的个性，要善于策划出与众不同的出版活动。要独辟蹊径，为出版企业设计出与众不同的发展道路；要个性鲜明，塑造便于公众识别的出版企业良好形象；要匠心独运，谋划出富有特色的出版运作方案。

2. 整体协调原则

这是指出版策划中的各个部分必须从整体出发，协调运作，匹配设计。出版策划由许多不同类型的策划共同构成，每一项具体的策划又由许多的要素构成，要使各种类型的策划以及各种要素的设计相互协调，在具体的策划中就必须贯彻整体协调的原则。

出版策划中的整体协调原则由三方面内容组成。

（1）目标的整体协调。出版策划由许多内容组成，每一项内容的具体设计，都是完整出版策划的有机构成部分。种种以不同内容为对象的策划，都是围绕出版企业发展的共同目标而进行的。因此，出版策划都要以企业发展的目标为依据，进行目标的整体协调。无论是企业形象设计的目标，或是企业公关战略谋划的目标，还是出版项目策划时确立的目标，都要以企业发展的总目标为依据来确立的，要服务并服从于实现企业总目标的需要，且要相互协调。

（2）手段的协调。企业发展目标的实现，必须依靠有效的运作手段；各类出版策划中所谋划的具体工作目标，也必须通过有效的运作手段去实现。因此，手段协调也是出版策划中整体协调原则的重要内容。手段的协调包括两方面的要求：一是各类策划中的运作手段的设计与所谋划的目标协调，由于运作手段通常包含在行动方案之中，所以要求行动方案的设计必须针对确立的活动目标进行，切忌无的放矢；二是各类策划中的行动方案要以企业发展总目标为依据匹配设计，相互协调。

（3）要素的协调。出版策划中的每一项具体策划，都由很多的相关要素组成，人、财、物等资源的调配，信息的采集，形势的把握，观念的更新，媒体的利用等众多的要素，都要在策划时精心安排，同步设计。忽视了某要素的设计，就可能导致整个策划的失败。因此，策划时使这些相关要素相互适应，也是出版策划整体协调原则的重要内容。

3. 实事求是原则

这是指出版策划必须以事实为基础，据实操作，切实可行。以事实为依据，策划就有了坚实的基础；据实策划，不违背客观规律，所设计的方案才具有可行性。所以，实事求是原则也是出版策划中的一个重要原则。

出版策划中贯彻实事求是原则有如下几点基本要求。

（1）要根据事实进行策划。策划是建立在认真调查研究基础之上的。调查就是一个掌握事实的过程，因此，策划之前一定要深入调查，要透过现象看本质，把握反映事物本质特征的完整事实，然后再根据这些事实进行谋划，这样才能使策划建立在客观真实的基础之上。反之，出版策划就会因失去事实依据而导致失败。

（2）具有可操作性。这是指能将策划成果转化为现实的出版活动的可能性。出版策划的可操作性主要从两个方面衡量：一是谋划的目标是否符合客观要求，包括目标确定的依据是否充分，各项指标的确定是否科学合理等；二是设计的行动方案是否切实可行，包括实施方案所要求的物质技术手段是否具备，人力、物力等资源是否匹配等。

（3）要留有一定余地。出版策划涉及的因素非常广泛，其中有很多不可控因素常常出现不确定性变动，人们难以完全把握，因此，策划时在人力、物力、财力和时间的安排等关键要素的设计上，既要根据这些因素变化的趋势来进行谋划，又要留有一定的余地，以便具体运作时及时对其进行修正和调整。

4. 遵法循规原则

这是指出版策划要严格按照人们长期社会实践中逐渐形成的法律、道德、民俗等一整套社会规范要求行事，包括遵守法律规范、遵循道德规范以及尊重民俗规范等。在具体的出版策划实践中贯彻遵法循规原则有如下几点基本要求。

（1）遵守法律规范。法律是经国家制定和认可的，由国家强制力保证实施的行动规范的总和。它是调整社会成员之间、社会组织之间以及个人或组织与社会之间相互关系的一种普遍性规范。出版活动是一种社会活动，其影响涉及社会的各个方面。因此，为出版活动进行谋划设计的出版策划就必须遵守国家的法律法规。首先要求策划者认真学习法律法规，增强法制观念，提高遵纪守法的自觉性，尤其是一些与出版活动直接相关的法律，如《出版物市场管理规定》《出版管理条例》《互联网出版管理暂行规定》《期刊出版管理规定》等，策划者必须熟记其内容，认真把握其精神实质；其次，要依法策划，严格限制在法律允许的范围之内开展策划活动，确保策划具体过程与手段的合法性；此外，策划的具体内容要符合法律、法规的要求。

（2）遵循道德规范。道德是人们在长期社会实践中逐渐形成的调整人们相互关系的行为规范，它既是一种善恶的评价标准，又是一种行为准则。遵循道德规范进行出版策划，能使出版活动具有良好的社会影响，并且能有效增强出版者的职业责任感，对于出版活动的成功运作大有好处。在具体策划中遵循道德规范，包含了三个层次的要求：首先，要遵循公民道德基本规范，即做到《公民道德建设实施纲要》中提出的"爱国守法、明礼诚信、团结友善、勤俭自强、敬业奉献"；其次，要遵循职业道德基本规范，做到"爱岗敬业、诚实守信、办事公道、服务群众、奉献社会"；第三，要遵循出版工作的行业道德规范，做到爱岗敬业、明礼诚信、秉公处事、重义奉献。

（3）尊重民俗规范。民俗是一个国家或民族的人民群众在长期的社会实践中所自然形成的生活文化。它以习惯势力、传袭力量和思想信仰来约束人们的意识和行为，使其不敢逾越和改变。社会成员具有民族性，其特有的价值观念、宗教信仰、风俗习惯等，不仅应当受到尊重，而且还受法律保护。出版策划尊重民俗规范，不仅有利于与民众沟通，使出版活动具有广泛的群众基础，而且还是守法的表现，能确保策划成果方案的顺利实施。尊重民俗规范，要求出版策划中必须注意以下几点：第一，策划人要增强民俗意识，学习民俗知识，如有关民族价值观念、宗教信仰、审美情趣、伦理规范、礼仪礼节、各种禁忌、饮食起居、文学艺术等风俗习俗知识，为依民俗规范策划打好基础；第二，策划过程，包括调研过程、设计方案过程等都要限制在民俗规范许可的范围内进行，要入乡随俗，尊重特定民族的风俗习惯；第三，策划内容设计要尊重民俗规范，要善于利用民众所喜闻乐见的形式来促进出版活动的成功运作。在以往的出版策划实践中，由于不尊重少数民族风俗习惯而导致出版物被政府查禁的事故曾经发生过。这说明尊重民俗规范对于成功进行出版策划是多么的重要。

二、出版策划的类型与内容

出版策划是对出版企业的发展进行谋划与设计。与出版企业发展有关的因素很多，由此决定了出版策划也由多种类型共同组成。每一种策划又有着各自不同的具体内容。下面分别对三种不同的出版策划类型及其内容构成进行具体描述。

（一）出版企业形象策划

出版企业形象策划是指策划者为谋求企业发展，在充分进行企业实态调查的基础上，对企业的总体形象战略和具体的树立企业形象的活动进行谋划与设计，以实现树立企业良好形象目标的创造性思维活动。

在出版产业化发展的进程中，出版企业形象策划有着非同寻常的意义。第一，通过出版企业形象策划树立良好企业形象，提高企业的社会知名度，扩大企业在公众中的影响，可以为企业新产品的开发铺平通向消费者的道路，由于读者对企业的信赖，使他们对企业的产品也能产生一种"信得过"的感觉，由此而使企业及其产品的市场竞争力大为增强；第二，通过出版企业形象策划，使企业在同行中拥有良好的声誉，有利于与其他企业进行沟通合作与协调运作，可以促进企业稳定与发展合作关系，优化资源配置，追求协同效应，有利于出版企业的多元化经营及集团化发展;第三,通过企业形象策划,促进企业文化建设,可以增强企业内部的凝聚力,形成团结向上的良好企业氛围,有利于稳定职工队伍,有利于吸引优秀人才,从而使企业在激烈的市场竞争中具有突出的人力资源优势。

出版企业形象策划,也即企业识别系统(Corporate Identity System)设计,由三项基本内容组成。下面分别对这三项内容进行阐述。

1. 企业理念识别策划

企业理念识别(MI,即 Mind Identity)策划,是指对企业应具有的独特的文化、价值观与经营宗旨的设计。它是行为识别策划与视觉识别策划的基础,对这两种策划具有重要的指导作用。

企业理念识别策划由两项主要内容组成。

(1)设定企业生存的目标。企业生存目标包括企业未来的发展方向、事业的发展领域、企业存在的意义等企业价值观方面的基本问题。它回答的是企业为什么要存在,对社会有何贡献,对员工有何回报,未来发展是什么样子等问题。企业生存目标的确定又由两项主要内容组成:一是确定企业存在的目的,也即企业存在的理由,回答企业为什么存在的问题。正确的企业目的的设计,能产生良好的理念识别,且能引导企业成功发展,如西南某发行集团将存在目的定位于"为出版社与读者服务",从而提出了"为人找书,为书找人"的企业理念,在读者与供货商中都赢得了良好声誉;二是设定企业使命,即企业依据何种社会使命进行活动。企业使命反映了企业对社会的贡献,回答的是企业经营什么,在什么领域做贡献等问题,企业使命设立明确,企业的事业领域也相应确定,企业理念的树立也就具备了前提条件。

(2)设计理念识别的具体要素。企业理念是一个抽象的概念,在设计企业理念时,要将其具体化为理念识别的两类要素,对其分别进行设计:一是理念识别的基本要素,包括企业经营策略、管理体制、分配原则、人事制度、人才观念、发展目标、企业人际关系准则、员工道德规范及企业对外行为准则等的设计;二是理念识别的相关要素,包括企业信息、企业经营口号、企业标语、警语、座右铭、企业高层言语等的设计。出版企业类型不同,其生存目标也不相同,以企业生存目标为依据而设计的企业理念识别的基本要素和相关要素也不一样。但在这些要素的设计中,必须体现以下两个方面的共同要求:一是要体现以人为中心的思想,要充分信任员工,尊重员工,尽力为企业员工的发展创造良好的条件;二是要坚持社会效益与经济效益并重的原则。海尔集团设计的"为社会创造财富，为企业创造效益，为员工创造机会"的企业理念形象，就很好地体现了上述两个方面的要求。

2. 企业行为识别策划

企业行为识别（BI，即 Behaviour Identity）策划，是指以特定企业理念为基础的独特的企业行为方式及其特征的谋划。企业行为是企业理念和经营价值观的具体体现，其中的管理行为、销售行为、服务行为和公关行为等，是塑造企业良好形象，建造企业通向公众心灵桥梁的重要环节。没有良好而规范化的企业行为，企业理念就成了"空中楼阁"。

企业行为识别系统由两大部分内容构成：一是企业内部行为识别系统，包括企业内部环境状况、企业员工教育状况及员工行为规范状况等；二是企业外部行为识别系统，包括产品的类型、形象、内在质量，服务活动状况，广告活动及其他公关活动状况等。企业行为识别策划就是对构成企业内外行为识别系统的各种要素与内容进行具体的设计。

（1）企业内部行为识别系统的设计。营造良好的内部行为系统，重点是做好企业行为规范的设计，确立内部人际关系的原则以及做好职工教育培训的规划。

首先，要结合企业的理念识别要求，对企业运营过程中的企业家行为、企业模范人物的行为以及企业全体员工的行为进行设计，通过员工守则之类的规章制度的建立，对其进行规范，并以一定的方式引导企业全体员工自觉地遵守规范要求，形成良好的企业行为。

其次，要对企业内部人际关系处理的原则、方式方法等进行规范，使企业内部各个部门之间、上下级之间、员工之间形成和睦相处、互助友善、奋发向上的良好氛围。

此外，要对企业员工的教育培训的内容、方式、方法进行设计。培训的目的在于使企业员工能自觉地接受企业行为规范及人际关系处理规范，并且能够将这些规范要求在日常的行为中加以体现。

（2）企业外部行为识别系统的设计。企业的外部形象，主要由企业的公关活动及经营服务活动体现出来。因此，外部识别系统的策划，也主要是企业公关活动的谋划及服务行为规范的设计。

企业公关活动的谋划，是根据目前的企业发展现状，提出新的形象目标和要求,并据此确定公共关系主题,然后通过分析企业内的人、财、物等具体条件,提出若干可行性公关活动行动方案,并对这些方案进行比较、择优,最后确定最有效的行动方案。由于本章另有专门章节对企业公关活动策划的具体内容进行论述,所以在此不展开叙述。

服务行为的策划,是对企业服务机构、服务设施、服务活动和服务手段、服务方式等与企业对外服务有关的要素进行整体协调设计,并通过设计方案的具体实施,规范企业的服务行为,为顾客提供优质高效的服务,以此为企业创造良好的服务形象。

3. 企业视觉识别策划

企业视觉识别(VI,即 Visual Identity)策划,是对准确反映企业理念特性的主要由视觉符号与视觉语言构成的企业视觉识别系统进行谋划与设计。企业视觉识别系统能对消费者产生强烈的视觉冲击,通过对企业视觉识别系统的精心设计与谋划,能有效提高消费者对企业的认知度,有利于塑造鲜明的企业形象。

企业视觉识别策划的具体内容分为两个部分:一是视觉识别基本要素的规范设计,包括企业名称、企业标志、商标、品牌、企业标准字(中、外文)、企业标准色,企业象征图案,企业专用印刷书体,企业宣传的标语、口号等,设计者都要为其规定具体的形状,并规定统一的使用方法;二是视觉识别应用要素的规范设计。包括事务用品(如信封、信笺、名片、公文袋、员工徽章、茶具、烟缸等用品)的专门设计与统一使用,办公设备(如办公桌椅、计算机、电话、空调、电梯等)的型号与外观设计,室内装潢与建筑外观、橱窗、标牌等整体外观形象的"包装"设计,产品形象(如产品造型、商标、包装纸、盒、袋等)的设计,广告构成要素(如广告用语、构图等的设计,员工制服、交通工具等)专有识别标志设计以及除上述几类外其他各种对外标识物的设计,等等。

(二)出版企业公关策划

出版企业公关策划是指策划者为建立企业发展的良好外部环境而在公关原理的正确指导下,对出版企业将要开展的公关活动进行谋划,并设计出公关活动方案的创造性思维活动。

产业化进程中的出版企业,其发展离不开公关策划。首先,出版企业的成长与壮大都是在一定生存环境中实现的,企业的活动都要与各个社会系统及其构成单位产生千丝万缕的联系。通过公关策划，出版企业可以与各个社会系统进行有效沟通，与生存环境协调和谐，能为企业的发展创造良好的外部条件。其次，公关策划能指导企业公关活动的成功开展。通过策划，出版企业能对公关活动方案进行预先谋划，经充分调查之后形成的公关方案具有周密的计划性与较强的科学性，方案的实施无疑能为企业公关活动的成功运作提供保证。此外，公关策划还能改善出版企业形象，提高企业的知名度，增强企业在激烈的出版物市场竞争中获胜的把握。

出版企业公关策划的具体内容，按策划层次，可分为公关战略策划、公关策略策划、公关活动策划三类。

1. 公关战略策划

公关战略策划是策划者为实现出版企业发展的总目标而对未来企业开展公关活动所作的具有整体性的长远规划。它具有抽象性、指导性、全局性、长期性、超前性等特点，其具体成果是指导企业各类公关活动的总体方案。

公关战略策划的具体内容包括以下几个方面。

（1）公关战略目标的设计。这是明确开展各类公关活动所追求和期望达到的一种状态或目标的构想，通俗地讲，就是要明确"做什么，做到什么程度，取得什么样的效果"。

（2）公关战略重点的确定。这是明确那些对实现战略目标有决定意义的工作、措施和环节。一般情况下，阻碍全局发展的公关"瓶颈"及企业竞争中的优势领域适宜被确立为企业公关战略重点。

（3）公关战略步骤的设计。这是对战略目标实现过程中必须经过的若干阶段及各阶段所特有的战略任务进行构想。规划战略步骤，首先要划分战略阶段，划分阶段必须以公关活动的客观进程为依据；明确战略阶段之后，再对相应的战略步骤进行设计。

（4）战略措施的制订。这是为保证公关战略目标实现而制订的一系列公关活动的方针、对策、方式、方法。制定战略措施要因时制宜，即根据特定的时机安排适宜的公关活动；要因地制宜，即根据企业所在地的特点组织恰当的公关活动；要因人制宜，即针对不同受众的特点组织相应的公关活动；要因势制宜，即要根据企业的生存环境组织所需要的公关活动。

2. 公关策略策划

公关策略策划是策划者为实现企业的公关战略目标而针对客观实际所采取的一些关键性的公关对策与措施。策略与战略的关系是局部和全局的辩证关系：策略服从并服务于战略。战略任务通过策略来完成；战略在一定时期内具有相对稳定性，而策略则需经常调整，具有较强的灵活性；战略是构想企业公关的整体目标，策略则是设计实现战略目标的途径与思路。两者既有区别又是联系，在一定范围内的战略任务，在另一范围内可以是策略思维，反之亦然。但在同一范围内，两者之间的区别又是确定的。

公关策略策划的意义在于：一方面，通过策略策划，寻找到一种实现战略目标的策略，然后根据这个策略采取行动，这样能确保公关战略目标的实现；另一方面，策略策划能为企业公关活动的具体组织提供好的思路，能指导各项具体的公关活动围绕企业公关战略目标有针对性地进行，从而提高各项公关活动的有效性。

出版企业公关策略策划的具体内容主要包括沟通方式的设计与传播工具的选择两个方面，由于这两项策划内容的不同，便构成了不同的公关策略模式。一般情况下，可供策划者选择的公关策略模式有以下五种。

（1）宣传性公关策略。这是通过印刷媒介、电子媒介等宣传性手段，传递企业信息，影响公众舆论，迅速扩大企业影响，形成有利于企业发展的舆论环境的公关策略模式。此种模式的实现方式包括发新闻稿、做公关广告、印制公关刊物、制作各种视听媒介、开展演讲或表演等。

（2）交际性公关策略。这是运用各种交际方式和沟通艺术，广交朋友，协调关系，缓和矛盾，化解冲突，通过人与人之间的直接接触，进行感情上的联络，为企业发展营造良好的人际关系的公关策略模式。此种模式的实现方式是进行团体交际和个人交往。团体交际包括各式各样的招待会、座谈会、工作午餐会、茶话会、慰问、舞会等；个人交往有交谈、参观、拜访、祝贺、个人署名、信件往来等。

（3）服务性公关策略。这是通过提供优质服务，吸引公众，感化人心，获得好评，争取合作，促使企业与公众建立融洽、和谐的关系，提高企业的社会知名度和美誉度的公关策略模式。此种模式的具体实现方式是为公众提供各种形式的消费服务，如消费指导、消费培训、售后服务、免费保修、消费咨询、不合格产品退换等。

（4）社会性公关策略。这是出版企业通过举办各种社会性、公益性、赞助性活动，在公众中树立企业良好形象的公关策略模式。此种模式的具体实现方式有三类：一是以企业本身的重要活动为中心而开展各种活动，如利用企业庆典邀请社会各界光临，渲染喜庆气氛；二是以赞助社会福利事业、公益活动为中心开展的活动，如给福利事业机构捐款，资助公共设施的建设，赞助希望小学和失学儿童等；三是以资助大众传播媒介举办的各种活动为中心而开展的活动，如赞助智力竞赛，参与组织公益性的演讲、辩论赛等。

（5）征询性公关活动。这是一种通过公关调查、民意测验、舆论分析等信息反馈手段，了解舆情民意，把握时势动态，掌握企业营销环境变化，促进企业正确决策的公关策略模式。此种模式的实现形式包括开办各种咨询服务，建立来访来信制度和合理化建议制度，制作调查问卷，设立热线电话，组织有奖测评活动，聘请兼职信息员，举办信息交流会等。

3. 公关活动策划

出版企业的公关活动策划，是策划者为落实公关策略策划的方案，对某项具体公关活动的行动目标与方案进行谋划。公关活动策划是整个公关策划的基础，是实现公关战略策划目标的具体手段，也是落实公关策略策划方案的直接方式，对企业公关策划能否取得实际成效有着重要的影响。

企业的公关活动千姿百态，其策划内容也丰富多彩。这里仅选取出版企业常用的几类公关活动的策划进行简要介绍。

（1）专题公关活动策划。这里所指的专题活动，是指企业为塑造自身形象而围绕某一特定主题开展的专门公关活动。

第一，专题公关活动类型。专题公关活动种类繁多，一般情况下，企业可将以下几类活动作为专题公关活动的常规内容。

开放参观。举办开放式参观活动，让公众亲临其境地了解企业规模、环境、生产过程、经营状况及内部管理制度，直接感受企业文化的熏陶，从而建立起对企业及其产品的亲近感和信任感。

展览活动。这是通过实物展示、专人讲解、现场演示等来宣传企业的产品和形象。此类专题活动具有直观、形象、生动的特点，提供了与特定公众进行直接沟通的机会，是一种高效率的公关沟通方式。

社会赞助。这是由企业支付一定的经费或实物给活动主办单位或其他接受赞助的单位，借此提高企业的知名度和社会影响。

社会赞助能展示企业的经济实力，体现企业奉献社会的价值理念。

专题竞赛。这是企业以冠名方式参与组织各种专题竞赛活动，如知识竞赛、体育活动、智力竞赛以及征文、演讲、歌唱、摄影等文化竞赛活动。专题竞赛能以其竞争性、娱乐性和参与性吸引广大公众关注，是一种投入低、回报高的公关活动方式。

企业庆典。这是企业利用重大节日、企业纪念日或重大事件等时机开展隆重庆祝活动，如设施落成典礼、签字仪式、联谊会、新书首发式等，以扩大企业的社会影响。

第二，专题公关活动要把握的要点。以上述五项活动为主要内容的专题公关活动策划，在具体操作时要把握好以下几点。

选准时机。要使每项专题活动都能确有实效，首先要进行周密计划。主要是根据场地、交通、气象、设备等条件，选择好活动的内容、时间、地点和规模。一般情况下，选择中外各种重要节日、重大事件或企业的特殊纪念日组织专题活动，能借势扬名，收到良好的宣传效果。

组好班子。要根据专题活动内容组织一个精明能干的工作班子，以保证活动的顺利开展。班子要由那些热情大方、知识面广、熟悉活动内容、具有较强公关能力、有开拓精神的人员组成，班子内部要分工合作，互相协同，形成一个战斗力强的集体。

定好主题。策划者要为专题活动设计一个既令人耳目一新又利于传播的主题，并且要用一个简短而响亮的口号突出主题，以作为该项专题活动的宗旨。宗旨既要能准确地揭示活动内容，又要具有创意。

造好声势。活动正式举行前，要制订一个宣传造势的计划，联系好新闻媒体，将与专题活动相关的消息提前报道，活动现场要通过横幅、标语、音乐等大造声势，以吸引更多的公众对专题活动的关注。

（2）新闻宣传策划。新闻宣传是为了企业发展而邀请新闻媒体对企业新近发生的具有公共传播价值的事实进行报道。新闻宣传能持续不断地影响公众，传播内容容易赢得公众信赖，而且是免费的，因此是公关实务中运用最广和最有效的公关活动之一。

新闻宣传作为出版企业的重要公关活动类型，其具体内容主要是新闻稿件的设计及新闻发布会或记者招待会的谋划。这两类内容的策划在具体操作时都应把握好以下几点。

安排好新闻报道的内容。对于出版企业而言，宜于新闻报道的主要内容有企业近期举办的重大活动，如前面提到的各种专题活动、各种重要会议等；企业业务活动的重大进展，如重要出版产品的推出，新的经营项目的增加，产值、利润等方面的重大突破等；企业对社会所做的重要贡献，如赞助公益活动、资助教育事业等；企业的重要组织、人事变动，如兼并、重组，管理人员的升迁、调动，企业的重大改革等；企业领导人就企业情况与公众所关心的问题发表的声明或演讲；企业内部的重大新闻，如员工的先进事迹或获得的特殊社会荣誉，重要领导或外宾的造访等；企业文化及与之相关的要素，等等。策划人员可根据出版企业的实际需要从中选取若干项作为新闻报道的重点内容。

联系好新闻宣传的媒体。新闻宣传的主导权在新闻媒介手中，要充分发挥好新闻宣传的公关作用，就要联系好新闻传播媒介，积极争取新闻媒介的合作。首先，要选择好合适的新闻媒体。公共传播媒体各有不同的特色，策划人员应详细研究各种媒体的性质及特点，并结合实现企业公关目标的实际需要，选取最为恰当的媒体承担宣传报道任务。其次，要与各种媒体建立长期密切的联系，企业应设专门机构或专人负责联系媒体，有了需要及时与媒体沟通，并尽力协助新闻记者完成采访报道任务。

要善于"制造新闻"，创造更多的新闻报道机会。所谓"制造新闻"，是指在公关实践中，针对公众兴趣人为地制造一些新闻事件，以便引起舆论的积极响应。这能创造更多的新闻报道机会，赢得更多的公众注视和好感。"制造新闻"并不意味着随意编新闻，它本身必须真实、自然，并符合道德规范与公众利益。"制造新闻"的具体方法包括将产品上市、企业文体活动等普通事件与传统节日、名人纪念等特殊事件相联系，使其转化为新闻事件，如选择"七一"策划举办党建类图书的首发式等；通过邀请社会名流前来参观、做报告、签名售书等方式，将企业与名人联系在一起，使企业成为新闻传播的"聚光点"，通过对活动方式的新奇设计，引起新闻媒介与公众的兴趣与注意；通过"反常行为"将具有消极意义的事件转化为具有积极意义的事件，如让曾与读者吵过架的营业员登门向读者道歉，组织不合格产品的退换等；利用新闻的组合效应，创造新闻宣传的强大声势，如组织时间上的连续报道、空间上的系列报道，等等。

（3）公关广告策划。公关广告是以付费方式通过新闻媒体传播企业有关信息，以取得公众对企业的信任和支持的公关活动，其基本类型包括形象广告、活动广告、公益广告、礼仪广告等。公关广告对于塑造企业形象、增进公众理解、提高企业声誉，都有着非常重要的作用。

公关广告策划的具体方式分为企业自我广告策划与广告商代理策划两类。前者为企业自己策划，后者即委托广告公司代理策划。各类策划的操作程序与要求各不相同。但无论哪种形式的公关广告，其策划内容都必须包括以下几点。

确定广告目标。策划人员要从企业的具体情况出发，分析不同公众的需要，有针对性地设计好广告的主要目标。常见的公关广告目标策略包括展示性策略，即通过公关广告展示企业的雄厚经济实力、市场地位及对国家所做出的巨大贡献；教育性策略，即通过公关广告围绕产品性质及主题内容的介绍对消费者进行有关的知识教育；信誉策略，即通过公关广告宣扬企业对公众认真负责的精神及良好的信誉；爱心策略，即通过公关广告向社会表达企业对公众的关爱之情。

设计好广告方案。策划者要在进行深入调查的基础上，根据已确定的广告目标，对广告方案进行设计，使广告创意新颖、目的明确，其中对于广告语言的设计，更是要反复推敲，使其一是简洁明快，便于记忆；二是意义深刻，能打动公众；三是新鲜独特，能与众不同。

把握好时机和选择好媒体。这与新闻宣传策划的要求内容基本相同，所不同的是在媒体的选择上，要对各种媒体传播的实际效果与所付费用进行对比权衡，要根据企业的经济实力来选择媒体。

测定广告效果。因为公关广告活动要支付费用，所以策划时必须考虑宣传效果的测定问题。广告效果的测定可以从产品销售情况与公众对企业关注情况两个方面进行，策划人员要对具体的测定方法及操作要求一一进行设计。

（三）出版项目策划

出版项目策划是出版策划中使用最多，也最为重要的策划类型。出版界经常提到的出版策划，也主要指的是出版项目的策划。所谓出版项目策划，是指策划者在某项活动正式运作之前，根据企业的发展目标及实际情况，对该项出版活动的具体目标、步骤、产品、资源、效益等构成要素进行构思与设计，并形成系统、完整的项目运作方案的过程。

出版企业的经营活动是由一个个项目组合而成的。正是每一个经营项目的成功运作，才使企业的发展具有了源源不断的动力。而项目的成功运作离不开策划。首先，从出版活动的性质看，出版项目既涉及经济又涉及文化，并且两者相互制约，由此决定出版项目运作比一般社会活动或经济活动更为复杂，要确保其成功，就需进行事先谋划；其次，从出版物市场形势看，我国加入 WTO 之后，出版物市场实行开放政策，主体多元化与竞争激烈化使市场经营中的不确定因素大为增多，经营风险越来越大，通过科学的策划，能有效地降低项目运作的风险；此外，我国大多数出版单位正在按经营性文化产业的要求发展，通过项目策划进行准确的企业定位并逐步形成自己的经营特色，具有非常重要的意义。

出版项目策划由四项主要内容组成，下面分别进行叙述。

1. 产品策划

出版项目的运作是围绕产品进行的，产品策划是出版项目策划的核心内容。出版产品的形成由两个重要阶段组成：一是经编辑工作过程形成精神产品，二是经物质生产过程形成物质产品。因此，出版产品的策划也具体分为选题策划与产品形态策划两类。

（1）选题策划。这是对出版物的主题、主要内容及其相关要素进行构想与谋划，其具体内容包括如下几项：书名，在选题策划时可用暂名代替；内容提要，概要说明出版产品的主要内容；成稿手段与方式，说明著作方式、稿件形式（文字稿或图稿）；预估字数及所占版面；作者的选择；选题的目的、意义及依据；选题的可行性分析；同类选题的出版物比较分析；读者对象分析；两个效益分析；选题实施时间；选题运作时可能出现的问题及其控制，等等。作为选题策划的直接成果，上述内容设计好之后，都要填写在《选题审批表》上，作为上级审批决策的根据。

（2）产品形态策划。这是对出版物的外观物质形态进行谋划与设计，其具体内容包括：①出版物整体形态构想，是单册或分卷册；②开本大小及单面形态（如长、宽）的选择；③外观部分的设计，以图书为例，其外观形态就包括封面、封底等的设计；④内文版式设计，包括版心尺寸、字体字号、行距、标题用字等的设计；⑤物料及印制工艺的选择。

2. 市场策划

产品生产出来之后，必须通过市场交换才能实现经济价值。不搞好市场营销，产品的价值就无法实现。市场策划主要包括目标市场选择与市场价格策略的制订两项内容。

（1）目标市场的选择。目标市场是企业在一定时期内通过某项产品对其进行有针对性重点开发的市场。市场机会很多，而出版企业受规模与实力限制，只能重点开发与占领其中有利于自己开发的市场，因此目标市场的选择显得十分重要。产品要针对目标市场的需求进行开发，包括出版物的内容、表达方式、语言风格以及装帧形式与物料使用等，都要符合目标市场特定读者的要求；产品面市时，要针对目标市场读者特点采用适宜的流通渠道、方式组织发行，要开展相应的促销活动，等等。

（2）市场价格策略的制定。组织出版物流通时，其价格与销售量之间存在着一种相互制约的关系，因此要在进行周密调查的基础上仔细测算，确定一种合理的价格。确定产品价格要以目标市场读者最能接受的价格阈值为依据。这种阈值是经过大量调查、统计后得出的，策划时再根据经营策略在此基础上稍加调整。如实行薄利多销策略，就可略低于阈值定价；如采用精品贵销策略，就可将产品用料规格提高，定价则可略高于阈值。

3. 资源策划

资源是开展出版活动不可缺少的条件。资源策划，即按照出版项目运作的要求对相关资源的配置进行设计与安排，其具体内容主要有如下几项。

（1）人力资源的安排，包括确定该项目运作由谁来总负责，哪些人员参与，人员如何进行分工；组织哪些人员担负撰稿任务，由谁任主编、副主编，由谁负责统稿，等等。

（2）资金的筹措与投入，包括采用什么样的方式筹措项目运作所需资金，资金投入的数量、时间与方式，等等。

（3）生产商的选择，包括由谁来承担出版物的制作任务，以什么样的方式来选择生产商以及根据什么样的条件来选择生产商，等等。

4. 销售策划

项目运作能否成功，与产品销售的组织是否得力关系极大。销售策划即对与产品销售有关的要素进行设计与安排，其具体内容包括销售渠道的选择，促销方式与策略的设计以及宣传促销媒体、时机的选择，等等。

（1）销售渠道的选择。这是指选择何种通道将出版产品传送到消费者手中。我国出版物销售既可采用出版者直销形式，又可以通过中间商来进行销售；依产销关系性质不同，中间商又有经销商与代理商之分；出版者还可自任中间商，直接将书批发给零售店，再由零售店销售给读者，因此便形成了各种各样的销售渠道。策划时首先要根据出版产品的性质确定好渠道模式，然后还要根据读者分布情况等来对同一渠道模式中的具体中间商进行挑选。

（2）促销方式与策略的设计。概括地说，市场促销方式可分为人员推销、营业推广、广告促销、公关促销四种类型。每类促销方式又由许多的促销活动构成。策划时要对采用何种促销方式、运用何种促销策略等进行谋划，要在比较分析的基础上提出最优化的促销方案。如北京的"书香斋"书店策划出了一种金字塔式的打折销售方案，即首次购书者享受88折优惠，购书满50元者发红卡一张，10张红卡可换一张铜卡，3张铜卡换一张银卡，3张银卡换一张金卡，持卡者分别享受85、82、80乃至78折购买图书的优惠。该书店采用该方案收到了较为明显的促销效果。

（3）宣传媒体、时机的选择。利用公共传播媒体进行出版物的宣传促销，有着其他促销手段不具备的独特促销优势。然而，其实际促销效果如何，则在很大程度上取决于宣传媒体的选择与时机的准确把握。因此，策划时要根据各种宣传媒体的特点及被宣传产品的性质选择恰当的媒体进行宣传。如北京体育大学出版社选择《体育报》做《怎样打篮球》一书的广告，就是在对各种报刊的影响范围进行了广泛调查的基础上所策划的正确方案。除此之外，宣传时机的把握也很重要。策划时要根据产品上市时间安排各种媒体在产品正式投放市场之前展开必要的宣传，营造良好的销售氛围，并且要分别对不同媒体的宣传时间进行交错安排，以便形成一波又一波的宣传攻势。

三、出版策划的运作程序

各种类型的出版策划，都要从调查研究开始，在充分掌握各种反映出版企业发展势态信息的基础上，再对企业未来的发展目标进行谋划，并要对实现这一目标的方案进行设计，然后要撰写策划报告。各种类型策划的运作程序大体相同，即都要经过以下几个阶段。

（一）调查研究

策划前根据策划内容对与其相关的情况进行调查研究，是保证策划成功的一个非常重要的步骤。首先，它是市场信息反馈过程的一部分，能为策划过程提供有效的信息；其次，它是探索新的市场机会的基本工具，策划中所需的很多资料都要经过调查研究才能获得。通过调查研究，策划人员对所策划的项目从了解到熟悉再到了如指掌，然后进行策划运作，这样容易产生杰出的策划方案。如一项企业公关活动策划，必须了解企业的信誉度、知名度以及企业文化建设情况，客户情况，产品生产与销售情况，等等。这些信息都要通过调查研究才能获得。

1. 调查研究的内容

不同类型的策划，其调查研究的内容也有所不同，但基本上可分为对企业内部情况的调研与对企业外部情况的调研两部分内容。

（1）对企业内部情况的调研。重点调查了解企业的发展现状，包括人员、管理、机构、发展计划、财务收支状况、企业文化建设状况、工作场所及工作条件、设备及原材料储备等情况；了解企业的产品情况，包括产品内容所属专业范围，产品质量、特点，库存产品情况，生产能力等。掌握这些信息不仅是出版项目策划所必需，而且对企业的公关策划与企业形象策划也有着重要的帮助。

（2）对企业外部情况的调研。重点调查了解企业在社会上的知名度，企业在对外合作单位中的影响，企业在同行中的地位；调查企业产品的市场流向、市场占有率、市场分布区域；调查产品的主要消费群体，包括消费特点、消费心理、消费习惯、购买动机、消费能力以及消费者对企业已有产品的反映评价，如对产品内容、质量、价格的反映等；调查社会环境因素状况，包括社会的政治、经济、文化发展的基本态势，重大社会活动信息，等等。出版企业的经营活动，与社会政治、经济、文化都有着千丝万缕的联系，掌握这些与企业发展息息相关的外部信息，无疑为企业策划时弄清生存环境、谋划发展目标与方向奠定了良好的基础。

2. 调查研究的方法

调查研究的方法主要有以下几种。

（1）访谈调研法。这是策划人员通过与调查对象进行直接交谈而收集口头材料的一种调查方法，包括个别访问和座谈会两种形式。访谈调研通常在面对面的条件下进行，由策划人员就所调查的问题向调查对象提问，让对方做出回答，然后把回答的内容和交谈时所观察到的表情、动作、气氛、印象等记录下来。采用此法，要注意围绕调查目的交谈，而且要讲究交谈的方式方法，不要给对方任何倾向性的影响，才能使所收集的材料具有针对性与真实性。访谈调研法所收集的资料形象、生动、典型，具有一定的深度，有利于对调查对象进行定性分析。

（2）问卷调研法。这是通过问卷让调查对象填写而借以收集书面材料的调查方法。策划人员要先设计和印制调查问卷，然后发给调查对象填写，最后回收问卷，并对其进行整理统计而得到所需资料。运用此法要注意问卷设计的科学性，尽量提高问卷的回收率，并要对调查问卷的数据进行认真统计与科学分析。问卷调研法的优点在于标准化和低成本，有利于对问题进行定量分析。

（3）抽样调研法。这是利用概率的原理，在需要调查的范围内抽取一定比例的样本进行调查，再根据样本调查的结果推测总体情况的调查方法。使用此法调研，要注意样本抽取的科学性。

所抽样本要具代表性，样本数量要适当，并要确定一个合理的误差率。抽样调研法具有调查周期短、调查资料准确可靠、调查费用相对节省等优点，适宜于对调研问题进行定量分析。

（4）文献调研法。这是通过对文献资料的调查而收集资料的一种调查方法。文献资料主要指历年的统计资料、档案资料、意见簿、剪报资料以及其他传播媒介所披露的信息汇编、法规政策汇编等。通过对这些资料的调查研究，可以从中发现对出版策划具有重要参考价值的材料，如由中国大百科全书出版社2003年出版的《出版法律法规汇编》，收录了现行的42个主要的出版法规，策划者要寻找出版活动组织的法规政策依据，大都可以从此书中得到。采用此法调研，要注意掌握丰富而可靠的资料，认真进行鉴别、筛选、整理与综合，并与实地调查所得到的材料进行比较分析。文献调研法的优点是调查速度快、调查资料可靠、调查费用低，且既适宜于定性分析，又适宜于定量分析。

以上仅仅是调查研究的主要方法。在具体的调研操作中，除了灵活运用好上述各种方法外，还要根据实际需要，运用其他的方法（如现场实地观察、模拟法、比较研究法等）来开展调研，并且要注意将各种方法综合运用，取长补短，才能收到事半功倍的结果。

（二）谋划目标

这是根据出版企业的主客观条件，为出版策划对象谋划未来发展目标的阶段。这是出版策划过程的第二个阶段，是整个出版活动中一个至关重要的环节。此阶段的任务是根据调查研究阶段所掌握的情况，为出版企业发展寻找突破点，并以此为基础设计所策划的出版活动要实现的具体目标。

1. 出版策划目标的内容

出版活动种类繁多，这就决定了出版策划目标也依策划类型的不同而有着不同的内容。我们以前面的三种类型的策划为例，对策划目标内容分别叙述如下。

（1）企业形象策划的目标内容。这一目标大体有三类。一是企业整体形象目标，即扩大知名度，提高企业的美誉度，突出企业的定位度，树立企业的良好形象。二是企业产品形象目标，即扩大产品品牌的社会影响，提高产品质量，突出产品特色，塑造良好的产品形象。三是企业内部环境建设目标，即加强企业文化建设，培养员工的归属感与责任感，增强企业的凝聚力和向心力，营造企业内部良好的人际关系与工作氛围。

（2）企业公关策划的目标内容。这一目标大体有四类。一是加强沟通目标，即建立和完善正常的沟通渠道和网络，保持和加强企业与公众之间经常性的信息和思想感情的交流；二是协调关系目标，即监测社会环境和社会舆论的变化趋势，并根据这种趋势，敦促和建议企业决策者调整政策与行为，使企业与社会环境相互适应，为企业营造良好的生存环境。三是争取合作目标，即利用各种传播和沟通方式，对公众施加影响，争取公众的理解和信任，发展友好合作关系，促进合作成功；四是摆脱危机目标：当公关危机爆发时，积极加强与公众的双向沟通，公开事实真相，主动承担责任，赔偿公众损失，消除公众的误解和疑虑，争取他们的同情和谅解，恢复公众对企业的信心，挽回企业的声誉。

（3）出版项目策划的目标内容。这一目标大体有四类。一是产品品牌目标，即产品主题新颖独特，整体质量上乘，既能在当下市场上畅销又具有文化积累价值，能对社会及读者产生较为广泛而深远的影响。二是经营效益目标，即产品销售渠道畅通，市场流通量大，区域市场分布广泛，能为企业带来可观的经济效益。三是市场促销目标，即开展各种类型的促销活动，促进产品更多、更快地销售，提高产品市场占有率。四是资源开发利用目标，即科学配置出版资源，促进出版资源的原创性开发与综合利用，尽量节省资源开发利用成本。

2. 确立出版策划目标的步骤

策划每一项具体的出版活动。出版活动目标的谋划与确立一般要经过以下几个步骤。

（1）确认问题、条件。这是对调查研究阶段所发现的与策划项目相关的问题和提供的解决问题的条件做进一步的审核、明确与认定。明确问题的性质、特点和范围，查清存在这些问题的原因；理清制约这些问题解决的条件因素，掌握解决问题的必要条件，并弄清楚哪些是必要条件，哪些是有待创造的条件。

（2）探讨目标。首先要根据前面环节所发现的问题及问题存在的根源，确定即将开展的出版活动的目标方向；其次要根据企业的需要和决心，初步确定问题解决的程度；再次，要对企业现有的知识、经验、能力和物质技术手段等出版活动开展的基本条件进行全面的估量；最后，再寻求企业主观需求和客观条件可能的结合点，加深问题解决的程度，对所要达到的目标水平做出初步的设定。经过这样一个思维过程，便形成了可供论证的目标方案。策划者要根据需要和可能，尽可能多提一些目标方案，以便下一步的比较和优选。

（3）目标论证。对拟定的多种目标方案需要进行评价论证，才能决定取舍。目标论证主要从以下几个方面进行：一是要论证目标方向的正确性，看其是否与企业发展的整体目标相一致，是否与企业生存环境状况及其发展趋势相符合；二是要论证目标的有效性，看其能否有效消除或缩小企业目前存在的相关方面的差距，给企业带来实际效益；三是要论证目标的可行性，看企业是否具备实现理想目标的主客观条件，经过企业的努力能够实现目标的可能性有多大；四是要论证目标的完善化程度，看其是否明确、周全，有无考虑不周之处，有无改善的余地。目标论证过程也是目标方案的完善过程，通过评价论证可以找到目标方案的不足之处，并进行修改、调整，使其不断完善。

（4）选定目标。在评价论证的基础上，策划者要对各种初步设定的目标方案进行分析、比较、择优，最后做出决断，正式确定一个目标。作为策划项目的正式实施目标，必然是正确性、有效性、可行性三项指标值都较大，也是最为完善的目标。

（三）设计方案

这是围绕前阶段所确立的策划项目的实施目标进行创造性构思，设计实现目标的行动方案的过程。这是出版策划的第三个步骤，也是出版策划过程的核心环节。

1. 设计行动方案的步骤

行动方案的设计，大体要经过以下步骤。

（1）构思方案轮廓。这是根据策划项目的实施目标，结合企业现有条件来考虑策划项目具体实施的基本框架，为行动方案设计确定一个基调。以企业公关策划为例，如谋划确立的公关目标是扩大企业的知名度，那么就要围绕这一目标策划一系列宣传型公关活动；如谋划确立的公关目标是提高企业的美誉度，那么就要围绕这一目标策划一系列服务型公关活动。明确了公关活动类型，实际上就是为公关活动方案的设计确定了一个基本框架。

（2）进行策划创意。这是根据已确定的行动方案的基本轮廓进行创造性思维，产生新颖奇特的方案。它是方案设计的关键环节。创意的过程不仅需要策划者运用常规的思维方法，还要善于运用一些科学的方法与技巧来开展创造性思维。创意的过程，可以借用王国维在《人间词话》中所归纳的做学问的三种境界来描述："'昨夜西风凋碧树，独上高楼，望尽天涯路'，此第一境也。'衣带渐宽终不悔，为伊消得人憔悴'，此第二境也。'众里寻他千百度，蓦然回首，那人却在灯火阑珊处'，此第三境也。"只有经过苦思冥想，在"众里寻他千百度"之后，新的创意才会在不经意之中出现在"灯火阑珊处"。

（3）形成初步方案。将创造性思维过程的成果记录下来，加以整理、完善，就形成了实现策划目标的初步行动方案。实现目标的方案设计可由多人承担，每位策划者可根据自己的特长与优势，在构思方案上体现独到之处。如果这些独到之处无法统一反映在一个方案中，就可通过不同的方案体现出来。同时，形成多套实施方案也有利于比较分析与优化选择。

（4）论证策划方案。这是对初步方案的有效性和可行性进行分析和鉴别。论证要围绕以下内容进行：一是所设计的方案是否针对谋划确立的目标制订，以此分析各种方案对目标实现的有效性；二是方案是否具有好的创意，一个好的创意，由四个重要的特征构成，即原创性（出其不意）、相关性（合情合理）、艺术性（感染力强）、诱导性（诉求有力），论证时可从这四个方面分析所提方案是否符合要求；三是各个方案的特色及有待完善之处，分析方案的最具特色之处及存在的缺陷，以此判断付诸实施的可能性。

（5）优选确定方案。为使所策划的方案切实可行，效果显著，就必须对几种方案进行择优选用，从中确定一种方案作为正式的实施方案。优选时需考虑的因素，一是方案的价值性，越是有利于目标实现的实施方案就越有价值；二是方案的可行性，方案实施所需的条件企业都已具备或经过努力能够具备，那么该方案就具有可操作性，即可行性；三是方案的效益性，实施中投入少、效果佳、效益好的方案，就是效益性好的方案。对各方案从上述三方面进行分析比较，综合评价，就可从中选择出一个最佳的方案，作为正式的实施方案。

2. 创造性思维的几种主要形式

行动方案的设计，关键在于创造性思维。创造性思维是在常规性思索的基础上，在多种信息的碰撞之下，重组事物之间的关系，重新激发出世界尚无的新思路的思维模式。它具有两个明显的特征：一是它的非常规性；二是它的主动进取性。要使策划方案具有出奇制胜的效果，那么在设计方案阶段甚至在目标谋划阶段，策划者都需要进行创造性思维。创造性思维形式主要有以下几种。

（1）联想性思维。联想是由一事物联想到另一事物的心理过程。通过联想对相关记忆表象进行概括、提炼，并进而想象出新的事物和形象的创造性思维方式，称为联想性思维。联想性思维依联想类型的不同，又可分为接近联想，即直接由事物"甲"和反映到策划者头脑中的"乙"两个记忆表象引起想象；类似联想，即由"甲"事物和反映到策划者头脑中的相近或相似的一群事物的记忆表象引发想象；对比联想，即由"甲"事物和与其相对的"乙"事物的记忆表象引发想象，它的特点是两种记忆表象之间对立、排斥，相异而又有密切关联；因果联想，即由"甲"事物和与其具有因果关系的"乙"事物两种记忆表象引起联想。

（2）发散性思维。这是在解决问题过程中，由一个思索点向尽可能多的目标进行"发射"性思索的思维方式。其思维模式如空间爆炸状，即思索由一个点向任何空间发射式进行，每一条轨迹都可以形成思维的过程，最终达到的目标则成为解决问题的办法。发散性思维在出版策划中的运用是极其广泛的。以出版项目策划为例，出版物设计中的拼接、整合、重组、分解、延伸等现象，就是这种思维的结果。

（3）收敛性思维。这是在策划中将众多有关的信息和材料作为思索点向一处目标有效的收敛、聚焦或思索的思维模式。发散性思维在思维空间中是由一点任意向外发散，而收敛性思维是由无数个思索点向一个目标进行有序的收敛。

（4）逆向性思维。这是一种突破已往固定的认知框架进行反向思索，以寻求对事物认知新突破的思维方式。与前述联想性、发散性、收敛性等求同性思维不同，逆向性思维是一种求异性思维。一般情况下，人们在思维中总是把以往的成功经验、知识信息及思维习惯积淀、叠加起来，形成一定的价值观念和判断标准，也即思维定式。经验和知识越丰富，成功的频度越高，这种定式和带有强烈主观先验的认知意识就越强、越"顽固"。思维中以固有的框架去"套"新的认识对象，就难以把握新事物的发展规律与趋势。以反向、求异为特征的逆向性思维，则能有效地弥补传统思维模式的缺陷。《误诊学》一书的策划，即是运用逆向性思维的典型案例。在治病救人的过程中，诊断是治疗的基础，要想提高治愈率，首先要提高确诊率，反过来讲，就是要降低误诊率，所以《误诊学》一书出版后受到了医学界的好评。

（四）撰写策划书

策划书是出版策划活动的最终成果。撰写策划书不仅要对策划内容进行系统整理，而且要阐述策划目的，并要对策划方案的实施结果进行预测。可见，策划书的撰拟也是完整策划过程中一个不可缺少的阶段。策划书撰写好之后，整个策划过程事实上已经完结。之后的运作决策以及策划方案实施过程中的跟踪调研，发现问题，并对行动方案及时进行调整等，都属于出版企业经营管理的常规内容，不应包括在策划过程之内。

1. 策划书的基本内容与结构

出版策划类型多样，内容广泛，策划书也多种多样。所策划的主题不同，策划书的具体内容也会有所区别，但任何类型的策划书都必须具备以下八项基本内容：一是why（为什么），即为什么进行出版策划；二是who（谁），即由谁来进行策划；三是what（什么），即策划什么；四是how（如何），即怎样开展出版活动；五是where（何处），即在哪里实施出版策划方案；六是when（何时），即实施出版策划方案的最佳时机；七是how much（多少），即拟投入的经费及其他资源的多少；八是effect（效果），即预测策划的实施结果。

各种类型的策划书有着大体相似的结构。一般情况下，出版策划书都由三个部分组成。

（1）封面。在策划书封面上应注明如下内容：一是策划书名称，名称是对策划主题及其实施时间与单位的揭示；二是策划者姓名，即参加策划的所有人员的姓名、所在部门、职务等；三是策划书完成时间，如果策划书是经过修正之后才确定的，则除了要写明"某年某月某日完成"之外，还要加上"某年某月某日修正"；四是编号，即按企业策划项目的数目多少顺序编号。

（2）正文。包括序文、目录、策划内容描述及行动实施效果预测等四个部分。序文和目录能帮助读者了解策划书的全貌；策划内容描述是对策划过程各个阶段形成的成果进行整理与叙述；行动实施效果预测是在策划书撰写阶段对整个策划方案进行审视之后对其实施结果所做的预测。

(3) 附件。这是正文之外与策划活动相关的各种附属材料，包括完成策划书所使用的各种参考文献，实施策划方案时一些注意事项以及确定策划活动目标时的一些背景材料等。

2. 策划书正文主体部分的撰写

在构成策划书正文的四个部分中，策划内容的描述是主体，也是正文撰写的核心。该部分的内容，可以按以下三个层次来组织。

(1) 策划项目的相关背景描述。这是对在策划第一阶段所调查到的，与策划项目相关的企业生存环境状态进行描述。由于策划调研是分别按企业内部情况调查和外部情况调查进行的，因此，相关背景的描述也可按企业内部环境和外部环境分别组织。环境描述主要是为出版活动目标的确立提供理论依据。所以，此部分内容主要作为下一层内容的铺垫。

(2) 所谋划的出版活动目标描述。此部分要说明：在上面所描述的环境下，所策划的出版活动拟实现什么样的目标。以企业形象策划为例，目标的描述就是根据企业内、外形象建设的实际情况，确定企业形象识别系统的建设应以什么为目标，是以树立良好的企业整体形象为目标，还是以塑造企业产品的良好形象为目标，并且还要对在何种范围内树立何种程度的良好形象提出要求。

(3) 所设计的实现行动方案描述。这部分主要说明：要实现上述已谋划好的活动目标，应该采取哪些富有创意的行动。行动方案在策划过程的创造性思维中已初步形成，撰写策划书主要是对思考成果进行整理并加以具体细化，即要对所开展的工作，逐项说明具体操作要求与条件，如工作目的、开展时间、地点、活动程序、人员安排、经费预算、所需物质资源的配备等。

3. 策划书撰写的基本要求

策划书的写作属于应用文写作，除了要遵守应用文写作的一般要求之外，还要注意以下几点。

(1) 内容要具体、实用。策划书实际是一种策划的出版活动行动方案的具体说明书，要用来指导企业进行具体操作，因此，内容必须具体、实用，便于操作。切忌转弯抹角或空发议论。

(2) 表达要简明、生动。撰写策划书要思路清晰，文字简洁，表述生动。除了文字叙述之外，还可以用图表、实物照片等表达形式来增强表达效果。

（3）要遵守法规要求。策划是一种创造性思维，是对以前没有出现过的东西进行构想，其内可能涉及现行的法律法规。撰写策划书时，要对策划出的新创意进行理性思考，看其是否违法违规。文字表述上也要认真推敲、严格把关，如设计的广告词是否符合《中华人民共和国广告法》的要求，组织大型企业形象宣传活动或产品促销的时间、地点是否符合城市管理的有关规定等，都要反复斟酌。

第二章 新媒体及其对出版业的影响

第一节 新媒体的基础认知

一、现代新媒体定义

一个新的重要概念的出现，总会引起人们极大的关注，还有不少人总是希望自己能对这个名字给出一个自己认为很恰当的定义，但总是得不到广泛的认可。关于新媒体的定义也是这样。本节在对新媒体形态有了初步印象的基础上，讨论其定义。

但是，这是一件极为困难的事情。因为对新媒体还没有一个大家公认的定义。下面列举人们从不同角度给出的一些定义，目的是使读者在对新媒体有个初步印象的基础上，领略一下有关专家和行业的眼光。

（一）基于技术和传播工具的新媒体定义

随着"新媒体"的流行，许多媒体都在自己的门口竖起这杆大旗。

（1）分众楼宇电视称自己是"新媒体"。

（2）手机短信称自己是"新媒体"。

（3）早已出现的都市类、财经类、时尚类、IT类等纸质媒体也纷纷改头换面，把自己称为"新媒体"。

（4）许多人说新媒体就是网络媒体。

于是，有专家指出："只有媒体构成的基本要素有别于传统媒体，才能称得上是新媒体；否则，最多也就是在原来的基础上变形或改进提高。"并把新媒体定义为在电信网络基础上出现的媒体形态，包括使用有线和无线通道的方式。

中国新媒体产业联盟秘书长说："新媒体是以数字信息技术为基础，以互动传播为特点、具有创新形态的媒体。"

中国的清华大学熊澄宇教授认为：新媒体是一个宽泛的概念，是利用数字技术、网络技术，通过互联网、宽带局域网、无线通信网、卫星等渠道，以及计算机、手机、数字电视等终端，向客户提供信息和娱乐服务的传播形式。

联合国教科文组织对新媒体下的定义是："以数字技术为基础，以网络为载体进行信息传播的媒介。"

在这种以传播工具分类的思路下，一些学者认为：数字杂志、数字报纸、数字广播、手机短信、移动电视、网络、桌面视窗、数字电视、数字电影、触摸媒体等都可称为新媒体，相对于传统的报纸、杂志、广播、电视四大媒体，新媒体又被形象地称为"第五媒体"。

有人认为，新媒体亦是一个宽泛的概念，涵盖了所有数字化的媒体形式，包括所有数字化的传统媒体、网络媒体、移动端媒体、数字电视、数字报纸、数字杂志等。有人还建议用"数字化新媒体"来代替"新媒体"。

还有人认为，新媒体是新的技术支撑体系下出现的媒体形态，如数字杂志、数字报纸、数字广播、手机短信、移动电视、网络、桌面视窗、数字电视、数字电影、触摸媒体、手机网络等。

也有人在此基础上提出将新媒体定义为"互动式数字化复合媒体"。

（二）基于媒介对于人的延伸角度的新媒体定义

麦克卢汉认为："任何技术都逐渐创造出一种全新的环境，环境并非消极的包装用品，而是积极的作用进程。"并指出，所谓媒介即是信息，只不过是说：任何媒介对社会及个人的影响都是由新的尺度产生的，即人们的任何一种延伸都要在人们所知的事务中引进一种新的尺度。任何媒介的信息是由它引入的人间事物的尺度变化、速度变化和模式变化。一种新媒介的出现总是意味着人的能力获得一次新的延伸，从而总会带来传播内容（信息）的变化。媒介（即人的延伸）是一种"使事情所以然"的动因，而不是"使人知其然"的动因。这些媒介的杂交、化合，提供了一个注意其结构成分和性质的特别有利的机会。

新媒体顾问、资深媒体分析师 Vin Crosbie 认为，新媒体就是"能对大众同时提供个性化的内容的媒体，是传播者和接受者融会成对等的交流者，而无数的交流者相互间可以同时进行个性化交流的媒体。"他还指出了新媒体的传播模式——既包括人际媒体的"一对一"和大众媒体的"一对多"的传播模式，又包括特质层面上的"多对多"的模式。为了对这三类媒体进行详细的界定，他首先定义了相对独立的两种媒体：人际媒体（Interpersonal Medium）和大众媒体（Mass

Medium）。

这两种媒体有着各自的特征同时也有着各种优缺点。

人际媒体更强调交流参与者对交流的内容有对等的和相互的影响及控制，交流内容是因每个参与者的特定需求和兴趣而个性化，非常有针对性；其缺点是对交流内容的对等控制和个性化，越来越多的参与者对话后，认为每个人对内容的控制越来越差，使传播的内容与每个参与者个性化的需求匹配度越来越差，最终随着参与者的增加而蜕化成噪声。例如，在聊天室聊天的过程中，随着人数的增加，聊天室越发热闹，也越发混乱。在这种约束下，人际媒体多被用于两个人之间的交流，从而一些学者称之为"一对一"媒体。

大众媒体则更强调的是完全相同的内容到达所有接受者，内容发送者对内容有绝对的控制；其缺点是内容无法个性化，它不能针对接受者的独特需求和兴趣，接受者也是被动接受信息，而对内容没有控制，是典型的"一对多"的模式。Vin Crosbie 在清晰地界定了两种媒体以后分析其优缺点。他认为人际媒体和大众媒体是完全互补的。人际媒体递送的个性化与大众媒体的广泛性和同时性，这两种传播特点的结合就出现了新媒体，即为大众提供个性化的内容。数字化通信技术推动了一种新媒体的成功实现，并随着传播手段的多元化形成了一个全新的新媒体环境。

有人在上述观点的基础上提出，新媒体是在数字技术的推动下，人类自身交流的内在需求的促使下而形成的一种新的交流传播模式，是能对大众同时提供个性化内容的媒体，是传播者和接受者融合成对等的交流者，而无数的交流者相互间可以同时进行个性化交流的媒体。

（三）"新媒体"的其他定义

有人认为，新媒体可以与受众真正建立联系，同时，它还具有交互性和跨时空的特点。新媒体给媒体行业带来了许多新的理念和模式，如节目专业化越来越强，卖方市场转向买方市场等。

实际上，媒体在不断演进，今天的媒体相对于昨天的媒体就是新媒体。例如，文字相对于口头语言就是新媒体；印刷媒体相对于手写媒体就是新媒体；电子媒体相对于之前的媒体就是新媒体等。因此，今天谈的新媒体，一定与昨天谈的新媒体不是一个概念，明天谈到新媒体与今天谈的新媒体也不是一个概念，即昨天的新媒体定义在今天可能就不适合了；今天的新媒体定义在明天也不适合了。所以，"新媒体"是一个动态的概念，从发展的角度看，今天讨论它的定义已经没有意义。与定义相比，为了明天的发展，讨论今天的媒体特征和发展方向还是有意义的。因此本书后面所使用"新媒体"包含了今天的媒体与明天的媒体所含和所应含的概念。

二、现代新媒体的基本特点

与其在给出定义上绞尽脑汁还难以获得共识，还不如花费一些精力分析其特点，也许更为有用。

（一）现代新媒体的人际关系特征

"On the Internet, nobody knows you are dog（在互联网中，没有人知道你是狗）"这句网络俗语，淋漓尽致地刻画了一切网络媒体的存在特点：在网络中，人们用一个一个的 ID—— 以匿名或图像代表自己，把真实的身份、年龄、性别都隐匿了起来。这种戴着面具的虚拟人际关系大大简化了真实社会中复杂的人际关系，使人们可以进行虚拟的沟通和交流，可以夸夸其谈地展现自我，可以大胆地进行批评、发泄和信息上传。正如英国社会学家吉斯登所说：在互联网中，"没有人可以知道其他人的真实面貌—— 他们是男是女，以及生活在哪里。"这种匿名性、隐蔽性和虚拟性，也是现代新媒体的显著特征。

（二）现代新媒体的媒介特征

从媒体性质看，新媒体具有如下特征。

1. 多媒体：场景多样化

新媒体不仅支持用户传播文字、图片，还支持音频、视频等多媒体信息。多媒体信息形象生动、更易理解，可以使受众有一种临场感，获得视、听、触、嗅、动等多方位的体验与享受，最低限度地减少了与受众之间的抵触性，使信息传播与娱乐结合得更为紧密。新媒体具有鲜明的时代个性与广泛的应用性，适合于不同场所，可以产生更好的视觉效果，具有生动性和真实感，使信息传播大大降低了整个环节的成本，又充分提高了传达率。从另一方面看，新媒体的媒体服务将不再以简单的内容推送和点播为主，一切远距离沟通和感受需求都可以成为媒体服务的应用场景。这样，实际上就是给受众提供了一种生活环境的选择：可以在现实环境中生活，也可以进入虚拟环境生活，使虚拟和现实随意切换和变更，随需而变。

2. 超媒体与云化媒体：万物皆媒，连接一切

新媒体基于 Web，所以媒体呈现非线性关系的网状结构，属于超媒体结构。而新媒体的许多形式隐身于日常环境的各种空间、物体中，形成万物皆媒，连接一切的特征。这种特征也可以用超媒体概括。

云技术是计算机网络技术与并行技术结合的产物。云化使受众不管是在家里、户外，还是在办公室，只要有可以联网的终端，用户就可以随时随地接入媒体服务，享受无缝衔接的观看体验和点播乐趣，使沟通无处不在。

3. 智能化媒体：真正的沟通无处不在

新媒体作为一种极具人性化的技术，是沿着人的需求补偿这一路径演进的，其演进以模仿、复制、拓展人的某些功能为动力，包括人的感官、认知、行为模式。随着语义网、智能协作工具、专家系统等人工智能技术的发展，全世界各个角落的智力资源都被聚合在网络上，形成强大的"全球脑"。

新媒体演化的最终目标是成为人体的一部分，在使用上、功能上与人完美结合，使沟通无处不在，具体表现在以下几点。

（1）人类将进化出"智能接口"。新型的人机接口主要包括直接植入人体与人在生理上直接结合的人机接口技术。例如，人体植入手机、可穿戴设备，手掌即显示屏，甚至身体的任何部分都可以成为电子屏。

（2）媒体将成为"眼耳口鼻"的一部分。如视网膜显示技术，媒体已经成为新的视觉工具，世界各地想看哪里看哪里，大大扩展了人的视野范围。这样将实现真正的沟通无处不在。

从更长远的角度来看，智能媒体不是简单地把丰富的内容集成给用户，或者通过大数据分析了解用户的需求，而是在特定场景下，实现有价值的需求智能匹配。因此，在更新的新媒体时代，不是像内容时代只有 IT 技术足够了，除了 IT 之外还要有 DT（数据处理技术），再进一步可能还需要人工智能。

（三）现代新媒体的时空特征

1. 全球化、全天候与共享性

历史上，每一种新媒体的出现都扩大了信息传播的地理范围。例如，纸张的出现，可以使文字信息随着运输传播，能运输多远，就能传播多远；无线传播技术的应用，使信息可以附在电波之中，传向地球各地。这就是麦克卢汉于 1962 年在《古登堡星汉灿烂》中憧憬的"地球村"。他说："由于电力使地球

缩小，我们这个地球不过是小小的村落……电力可能会使人的意识放大到全球的规模……电力媒介将会将许多人推出原来那种分割的社会——条条块块割裂的、分析功能的社会，产生一个人人参与的、新型的、整合的地球村。"新媒体借助Internet和无线传输技术（卫星和微波等），受众可以随时通过新媒体在电子信息覆盖的地方接受地球上任何一个角落的信息，并且可以借助网络技术，利用程序可以不受时间的制约，实现全天候具有信息传播，实现信息共享的全球化和最大化。

2. 零时延与即时性

新媒体借助网络和无线传输，打破了传统媒体在时间上的限制，极大地压缩了信息传播的物理空间，形成了即时传播的特点，可以在极短时间内，将信息传向受众。例如，在光纤中，每秒钟可以传输几十亿字节的信息，相当于《华尔街日报》从创办以来所有内容的总和。与传统的报纸等相比，相当于实现了"零时延"信息传播。

（四）现代新媒体的传播特征

1. 多点对多点的传播

在新媒体时代，自媒体大量普及，形成大量自媒体到自媒体的信息传播，即人人皆媒，万物皆媒。这种传播状态使大众传播的一点对多点传播变为多点对多点的传播。这也就是美国《连线》杂志对新媒体的定义："所有人对所有人的传播。"

在这种多点对多点传播的结构中，将没有中心节点，呈现平面化的网状形式。

2. 互动性与开放性

互动性（Interactive）是 Web 2.0 的一个重要特点，也是新媒体的魅力所在。很多人都有一个体会：学生在课堂上听课，随着时间的增长，受众将会疲劳，接收效果越来越差。但是，若是这个过程以聊天的形式进行，则时间可以成倍延长。问题就在于在这种情景中双方都有了一种参与感。

互动性魅力的一个经典实例是2005年3月起湖南卫视推出的一档娱乐节目——《超级女声》，其创新点就在于让观众使用手机和计算机与电视节目进行互动，让每一个观众都置身其中，感到自己的参与能帮助自己喜欢的选手。这个节目在广州、长沙、郑州、成都、杭州5个城市相继推出，共吸引了15万人前来参加。同时，受到各地电视观众的欢迎和追捧。进入决赛以后，每场短信互动参与人数都超过 100 万，观众总投票数高达 400 万，网上的评论和跟帖更是不计其数。

媒介的开放性具体表现为技术的开放性、介质的开放性与内容的开放性 3 个维度。媒介的开放性引发了内容生产的融合，即内容的嵌入与交融。开放性消除了媒介生产与消费的边界，是互动性的基础。

3. 分众性与个性化

与大众传播媒体一个很大的不同在于，新媒体的分众性是提高点击率的关键。分众性必须以个性化（Personalized）为基础。在新媒体中，完全个性化的信息可以同时送达无数的人；每个参与者，不论是出版者、传播者，还是消费者，对内容拥有对等的和相互的控制，又免除了人际媒体和大众媒体的缺点。当传播者想向每个接受者个性化地交流独特的信息时，不再受一次只能针对一人的限制；当传播者想与大众同时交流时，不再能针对每个接受者提供个性化内容。

博客是个性化最显著的例子。它采用了一个具有开放其代码的架构，博客提供程序 Wordpress，可以提供成千上万数不清的模板，使每一个博客都显得与众不同，如果博客作者自身有模板开发能力的话，就可以造就全世界只有他自己特色的唯一模板。

与网络传播的电视台在固定时间播放固定内容不同，视频提供商已经提供了不同内容供用户选择，未来的个性化服务应该更进一步，首先应该能主动判别出人们的现实或网络意义上的身份，并以此进行个性化的内容投放。

4. 碎片化与偶发性

碎片（Fragmental）也称为"微内容"。碎片化允许交流者之间像正常的聊天一样，以插话的形式进行沟通、交流；也可以使信息的发布见缝插针式地进行，极大地提高了人们的参与欲望和参与可能。

偶发（Haphazard）是指内容发布的无规律性。对于大多数传统媒体而言，内容出版是有时间设置的，所以电视台电台节目都被称为 Program，是一种可以事先设定的程序。但新媒体不是，其用户原创内容（User Generated Content，UGC）成分相当重，具有很强的偶发性。

偶发性和碎片化两个特征可以合力成为新媒体的重要特点。连续的议程设置（Continuous Agenda-setting）：媒介不仅可以告诉人们想什么，还可以告诉人们如何想（判断什么事情是重要的）。

媒体的议程设置效果是得到实证支持的，但媒体很少对一个议程进行连续的设置：A 电视台就 B 电台的内容进行跟踪，然后 C 报再跟进（在中国，这种情况不是没有，但很少见，比如，十九大报道算一个连续的议程设置）。但新媒体却不是，它们喜欢进行连续式议程设置，形成"链式传播"。这种传播虽然每一个节点的影响力都有限，但合起来的力量是巨大的。

（五）现代新媒体的行业特征

1. 消解与融合

从行业的角度看，新媒体的一个重要特点是它的消解力量——消解传统媒体（电视、广播、报纸、通信）之间的边界，消解国家之间、社群之间、产业之间的边界，消解信息发送者与接收者之间的边界等。

消解的另一个术语是融合，简单地说，就是自媒体与他媒体之间的融合，是新媒体与传统媒体之间的融合，形成社交、娱乐、八卦与严肃新闻并存的行业特征。

胡正荣（中国传媒大学校长、博士生导师）认为：媒体融合的第一个阶段可以称为内容媒体阶段。这个阶段非常重视内容，好的内容一定能够带来好的流量，一定能够带来好的点击，可以带来巨大的页面浏览量和社会效应。

2. 在新闻业中，有可能由意见领袖取代传统媒体的采编人员成为新的内容生产者

新媒体的发展，在新闻业中有可能由意见领袖代替，起码部分地代替采编人员成为媒体中的信息生产者，形成由意见领袖、生产工具（社交媒体）和劳动对象（信息流）共同组成的新的生产力，颠覆旧的以生产者（记者编辑）、生产工具（采编体系）和劳动对象（严肃新闻）组成的原有生产力。一些专业媒体越来越不再是信息的源头，而是变成二手信息的加工厂，以生产"观点"和"解读"为主。

3. 竞争力来自技术创新和文化创新

新媒体将带来一种崭新的文化理念——粉丝文化或网红文化，但是粉丝数量的取得，最核心的因素是创新：技术创新、理念创新和模式创新。技术突破赢得先机，但是，技术优势的发挥靠的是创新的理念和模式。

第二节　新媒体对我国出版业的主要影响

如今，新媒体开始全面渗透到出版领域，并在与受众阅读新需求相结合的"具

体形式"上有了很大突破。例如,在收看一场精彩球赛的过程中,人们可以通过各种渠道了解比赛的最新进展:通过互联网门户网站随时跟踪比赛结果,通过体育博客评论球赛精彩场面;通过手机订阅关于球赛实况的手机报,通过网络杂志欣赏模拟进球,通过网络游戏体验身临其境的感觉,甚至还可以独立出版具有数字版权保护的电子书……这表明,传统的出版范畴正在受到颠覆,出版形态也在不断丰富,很多非传统出版单位开始参与到数字内容的编辑、加工、传播活动中。

一、媒介技术的变迁影响与出版价值链运动特征

(一)媒介技术演进的特征分析

在人类漫长的发展过程中,传播介质也经历了数千年漫长的历史演进。在这里,从历史角度进行分析,主要有早期媒介、纸质媒介、电子媒介和数字媒介。如表 2-1 所示。

表 2-1　媒介技术发展与媒体形态

阶段	代表媒介	从发明到普及	典型媒体形态	内容元素
早期媒介	甲骨、纸草、印章、宣纸、泥版书、缣帛、石鼓、石碑、竹简、羊皮书卷、西汉麻纸	从公元前 3000 年至 18 世纪中叶	简册(已淘汰)	文字
纸质媒介	纸张	从 15 世纪末至今	书籍、报刊、期刊	文字、图形
电子媒介	电波、电话线路、唱片、光盘	从 1873 年约瑟夫·梅证实硒元素有光电效应至今	录像带(已淘汰)、电视、电报、电话、传真、广播、电影	文字、图形、声音、图像
数字媒介	双绞线、同轴电缆、光纤、电子纸	从 1946 年至今	网络媒体、手机媒体	文字、图形、声音、图像

从媒介发展史来看,新媒介的出现对旧媒介具有一定的冲击和替代作用,如唱片、录像带等已经逐渐退出历史舞台。但是,一种新媒介的发明并不意味着旧媒介的终止。"以 19 世纪媒介产业全面持续的发展和扩大来看,尽管出现了电影、收音机、电视、电话、传真和网络,欧洲人均纸张消费却增长了 40%。"当电视被引入时,广播不仅没有消亡,而且适应了在媒介混合体中的新位置,在传播音乐、新闻和谈话节目等方面开始占据一席之地;曾经受到电视威胁的电影,通过传递比人们在电视中看到的更宏大更逼真的娱乐场面,依然在媒介产业中扮演了一个重要的角色。当然,也有一些比较符合大众需求的媒体,如以纸张为传播媒介的书、报、刊等形态,在今天的媒体形态中仍然占有十分重要的地位。

从共时的角度出发，这里将焦点聚集到以数字技术为基础的数字出版时代。新媒体的迅速发展，得益于新媒体技术的不断突破。新媒体技术综合处理了文字、声音、图形、图像等信息，使抽象的信息变得可感知、可管理和可交互。它所涉及的关键技术主要包括数字信息获取与输出技术、数字信息存储技术、数字信息处理与生产技术、数字传播技术、数字信息管理与数字信息安全技术。此外，还有流媒体技术、计算机动画技术以及虚拟现实技术等，如表 2-2 所示。

表 2-2 新媒体应用的关键技术

新媒体技术	数字信息获取与输出技术	图像获取与输出
		声音获取与输出
		人机交互技术
		三维显示技术
	数字信息存储技术	光存储技术
		磁存储技术
		半导体存储技术
	数字信息处理与生成技术	数字音频处理技术
		数字图像处理技术
		计算机图形技术
	数字传播技术	数字传输技术
		通信与计算机网络
	数字信息管理	数据库管理技术
		数字媒体检索技术
	数字信息安全	数字信息保护技术
		数字版权管理技术

通过上面的比较可以看出，新技术使内容表现的形式更加多样化。随着新技术的不断应用，某种媒介所能承载的内容元素更加丰富，它被用户所接受的可能性就越大，并越有可能发展成为一种被大众所接受的媒体形态。如今，迅猛发展的互联网媒体、手机媒体就是对这种趋势的最好诠释。此外，出版业从出版形态到内容组织形式都发生了深刻的变化，这种变化与出版业的发展阶段是大致对应

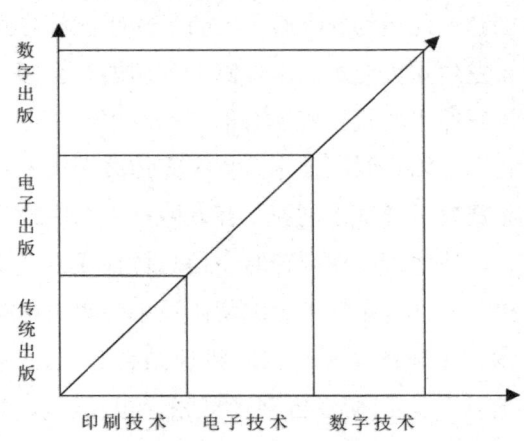

的，这也表明了技术创新对出版业的推动作用，如图2-1所示。

图 2-1　技术创新与出版业发展的互动关系

（二）从技术创新理论认识媒介技术的新发展

根据库恩的观点，如果原有范式无法妥善解决这个危机，那么专业人员将逐渐修改原有范式规则，并"使常规研究的规则松弛"。新的范式取代旧的范式，科学革命转变为常规研究。借助技术范式理论来分析媒介技术的发展过程具有很好的借鉴意义。在这种范式演变的过程中，技术创新起着非常重要的作用。根据技术变化的强度，英国苏塞克斯（Sussex）大学的科学政策研究所在20世纪80年代提出了SPRU分类方法，即技术创新，主要包括渐进性创新、根本性创新、技术系统的变革、技术-经济范式的变更。参照这种分类方法，可以对技术创新给出版业带来的影响进行层次性分析。

其一，渐进性技术创新。这是在已有的基本技术创新所提供的"技术-经济范式"和技术路线下，依靠基本技术创新所提供的技术机会和外部需求压力所导致的技术创新。在出版领域，技术创新从来就没有停止过，从激光照排到彩色桌面，从采编流程到直接制版，但这些技术创新带来的变革都仅仅发生在产业内部，新技术改变了产业内部的技术装备和技术工艺、改变了产业内部的社会分工和业务流程。用技术创新理论分析其原因，可以解释为以往的媒体出版领域的技术创新，仍然是在印刷和无线电广播的"技术-经济范式"和技术路线下。在媒介技术的渐进性技术创新上，当更新的传播媒介形式出现时，较旧的形式通常并不消亡——它们继续发展和适应。按照这种方式，不同的媒介为吸引公众的注意力而展开竞争，为谋求统治地位而不择手段。反而，每一种媒介都对它的继任者的发展做出了贡献。

其二，根本性创新。此类创新具有三类特征：①能够导致技术革命、产业革命以及整个技术体系发生重大变革。②能够导致新的社会经济活动或新的产业部门产生。③能够开拓新的市场或取代现有的产品及生产工艺。通过对新媒体技术的详细分析，可以看到：以互联网技术、数字媒体终端技术、网络服务技术等为代表的技术创新，无疑属于根本性创新。互联网技术彻底改变了人类信息传播中单向传播的传统模式，使廉价的双向跨时空信息传播成为现实；数字媒体终端技术将文字图形图像技术、视音频技术、编解码技术、集成电路技术、嵌入式软件技术、硬件制造技术、多媒体动画技术有机地结合起来，使数字媒体终端产品日新月异、层出不穷，使人们彻底告别了纸张、电视、收音机独占媒体终端的年代；网络服务技术彻底改变了软件开发大集中、紧耦合的传统模式，代之以分布式、松耦合的软件开发和部署模式，使媒体出版内容的采集、制作、管理、发行、交易模式与互联网及数字媒体终端相适应。

其三，技术系统的变革。这种性质的创新影响经济的几个产业部门，并伴随新兴产业部门的出现。数字出版等新兴部门的出现，说明如今正处于这一系统变革的发展阶段。在根本性创新的基础上，传统图书可利用的载体也越来越多。

最大限度地开发和利用宝贵的出版资源，一书多用、一书多能，增强其再生能力和产品附加值，已成为本版书发展的一条重要途径。例如，可以把一本书制成有声版、数字版和按需印刷（或章节订购）版等，甚至还可以利用该书的品牌进行图书的"二次售卖"，使其商业价值进一步被开发出来。在这种思维的主导下，冠以"数字""网络"的媒体产业层出不穷，如数字电视产业、数字音乐产业、数字媒体产业、网络出版产业、网络游戏产业、创意产业、内容产业等。此时，不但会有根本性和渐进性的创新，而且还会有相关的技术创新群出现。对于传统的出版行业来说，要想实现在新技术环境下把握对内容的主导权，就必须突破传统媒体出版产业的固有框架，对新媒体时代的"内容"概念重新进行审视，否则很容易陷入固步自封的境地。这也是目前媒体出版产业在诠释新产业时往往会得到一些似是而非的结论的原因之一。

其四，技术-经济范式的变更。这种变更既伴随着许多根本性的创新群又包含有许多技术系统的变更，这种范式是技术优势和经济优势的结合。"它的实现不仅会对整个经济行为产生重大影响，而且会引发组织和社会方面相应的深刻变革，甚至改变人们的日常生活。"

将上述分类应用到出版领域，具有很好的借鉴意义。从传统出版的传播范式来看，信息基本上是单向、一维地流动，即著者 → 出版者 → 发行机构 → 图书馆或书店 → 最终用户（读者）。

在此模式中，著者、出版者、用户之间的关系难以建立，著者难以了解自己的读者，作为内容载体的出版物必须达到一定页数才能发行和传播，用户很难单独获取感兴趣的部分，获取信息的成本大大增加。新媒体技术和新型传播理念的出现，大大丰富了信息的流通渠道，加强了著者、出版者、用户之间的直接联系，对传统出版模式产生了深刻的影响。"在数字出版时代，信息生产者、传播者和利用者之间形成了新型网状关系，他们之间的联系也是多维的。"如图 2-2 所示。

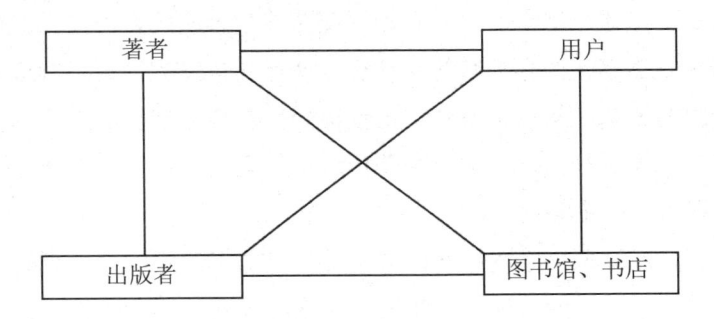

图 2-2 信息生产者、传播者和利用者之间的新型网状关系

通过上述范式分析，不难看出传统出版领域的某些担忧：自己的传统"领地"正在一点点地被其他行业所蚕食，采用传统思维去开发新形态的媒体却往往举步维艰。其实，这种"领地"的被蚕食正是根本性创新乃至技术系统变革的结果。

二、新媒体对出版传播要素的影响分析

新技术创新深刻地影响着整个出版运营模式，新媒体的快速崛起使内容传播渠道更加丰富，传统出版生态圈开始不断扩大。为了从更大范围来把握这种变化的趋势，下面以传播学为视点，从传播者、传播渠道、传播内容、受众以及传播效果等方面来分析这种新变化。

（一）传播者：出版主体日益多元化，传统出版单位把关功能减弱

技术创新是开放型组织的系统行为，它不仅要求个人具有创造性，而且对企业组织的创造性也提出了很高的要求。"处于不同时代的创新主体、创新客体、

创新中介以及创新实现条件各不相同，由此决定了技术创新的历史性特征。"随着新媒体技术在出版领域的应用，许多新型主体也将其所蕴含的技术特征和文化特征淋漓尽致地表现出来，更多新型出版主体也开始成长并壮大起来。

第一，新媒体与传统出版互动活跃，个人出版活动日益盛行。

在新媒体形态中，网络媒体起步早、发展快，加上网络开放性高、进入门槛低，2004年以来，一些渗透了Web2.0元素的新媒体模式层出不穷。近年来，融入了新媒体传播理念的博客、播客、文学网站、维客等网络出版形态发展十分迅猛，并在短短几年内形成了庞大的个人出版主体群。

典型案例一：博客出版逐步介入传统出版领域。在注意力成为一种资源的时代，这些内容很容易再次通过图书的形式获得巨大的成功。在图书出版领域，正在展开的一场博客与传统出版的声势浩大的联姻就是好的见证。许多博客在写作手法上别出心裁，通过精彩的内容获得了高达数千万次的点击量，并成为一段时间内舆论的关注热点。博客独有的互动优势使得它自发的评论机制成为目前的图书出版中实用的资源，从点击量到评论反馈分析都会对传统出版的选题有多方面的参考价值。利用这些数据，可以帮助传统出版者全面估量原创作品的价值，对图书的发行和营销产生参考价值。

典型案例二：原创文学网站开始成为文学类图书选题的一个重要来源。随着《鬼吹灯》《诛仙》《佣兵天下》等知名网络小说实体书的热销，越来越多的作者开始将自己创作的作品通过新媒体平台予以发布，在得到读者高点击和高投票支持的同时，也能因此博取众多出版者的青睐，使作品可以迅速在实体书市场与众多读者见面。目前图书市场上出现的青春、玄幻、恐怖、盗墓类小说，很多都在网络文学网站上获得了高点击率，如起点中文网、幻剑书盟、红袖添香、榕树下等。它们汇集了海量的原创内容资源，通过这些网络平台，作者和读者之间可以达到充分的互动。

此外，播客、维客等个人出版活动也进一步发挥了新媒体的传播优势，在音视频传播、开放式编辑等方面都开了先河，用户的主动性被进一步发挥出来，传统出版领域也正在发生着日新月异的变化。

第二，技术平台商积极参与电子图书资源整合。

作为一种新的书籍形态，电子图书已经展现出它的独特魅力。电子图书一般有两层含义：一是传统印刷图书的电子版本，以互联网为流通渠道、以数字内容为流通介质、以网上支付为主要交易方式的网络出版形式，这是网络出版业寄予厚望的产业方向；二是通过互联网下载和显示电子图书的专用硬件阅读设备。"一个完整的电子图书概念由硬件和软件两个关联的部分组成。"目前，许多传统出版单位以互联网等新媒体为依托进行图书编辑、出版、销售等活动，并显示出其良好的发展势头。在电子图书出版领域，一般由传统出版单位提供内容，由技术公司提供集成化平台技术，编辑、制作和销售电子图书。北大方正、书生、超星、中文在线四大电子图书技术平台商已经形成了较强的对图书资源的数字化整合能力。

第三，数据服务公司成为数字期刊出版的主体。

从技术发展的角度来看，期刊的数字化主要表现在以下几个方面：首先是多媒体网络杂志（以下简称"网络杂志"）。网络杂志是以文字、图片、flash 动画、音频、视频等多媒体技术为表现形式，以互联网为主要传播途径（包括下载阅读）的定期出版的电子刊物。它充分运用多媒体技术以及 P2P 平台，通过互联网定期出版更新。这些杂志平台提供的杂志内容和类别均有很大的类似和相同之处，均发行了汽车、女性、男性、游戏、电影、体育等多个领域的杂志；从客户端的功能来看，软件功能齐全并具有人性化，除提供杂志阅读器、网络杂志的下载外，还提供多项内容相近但各具特色的平台服务。目前，我国多媒体期刊用户逐年增加。由于其形式活泼，内容以时尚、娱乐、生活为主，已拥有了庞大的阅读下载量和用户群体。其次是传统期刊的互联网出版。目前，以清华同方知网、维普资讯、万方数据、龙源期刊网四家互联网出版商占据主导地位，这些公司不是简单地将传统期刊数字化，而是将内容资源加以解析、再加工和整合后形成数据库，从而为用户提供个性化的信息服务。他们对内容资源的整合，在某种程度上控制了图书内容在互联网上的传播，显示出技术提供商正在快速地向内容提供商转型。

第四，电信运营商、增值服务提供商主导手机出版。

如今，手机已不再是一种简单的通讯工具，由于终端技术不断成熟，手机的便捷性、私密性、时效性给人们带来了全新的感受，并逐步发展成为一种重要的新媒体形式。手机出版就是出版者将内容数字化，借助手机移动通信平台传递给终端用户的一种新型出版形式。目前，常见的手机出版包括无线音乐（手机彩铃、手机铃声、手机音乐）、手机动漫和游戏、手机读物（手机报纸、手机小说、手机杂志、手机博客、手机群发短信）、手机出版的技术平台（手机搜索引擎、手机二维条码等）等。

第五，民族网络游戏厂商成为数字出版的主力军。

通过几年的发展，我国网络游戏出版产业已趋成熟，发展更加健康有序。网易、盛大、金山等一批国内厂商完成了从运营国外游戏到自主研发游戏的转变，在产业价值链构造、组织创新等方面进行了很多个性化的创新，形成了自己的核心竞争力，赢利能力不断增强。

可见，内容供应者、拥有网络出版能力的经营者、读者、软件和硬件提供商以及其他服务于网络出版的角色共同参与平台的集成，构建了数字出版主体的多元化。新的出版主体凭借自身在信息技术、客户资源、资本运营、个性化服务等方面的优势，极大地拓展了出版范畴，丰富了出版形态，成为我国出版业的重要参与者。因此，在传统出版业单一门类、单一机构、单一角色所能聚集的资源和能量相对单薄的时候，通过数字出版的平台聚合更多的参与者，以不同的媒体形式来充分利用内容资源，进而形成相得益彰的文化产品格局，在技术、内容、市场推广和用户开发等方面展开战略联盟层面的深度合作。当然，这种主体变化所带来的影响是显而易见的，比如传统出版单位对内容控制的弱化导致"把关人"功能缺失、在新媒体竞争中的边缘化等，这都给传统出版单位带来了很大的挑战。

（二）内容：内容凸显核心价值，高质量内容成稀缺资源

内容是一个比较宽泛的概念，是为了满足特定需求的信息组合，其形式有文本、图片、音频和视频。从传统出版的角度来看，内容更偏重于文本和图片。新媒体的出现，赋予了"内容"及"内容产品"更多的含义。首先，在内容的表现形式上，图片、声音、视频等元素带来了更多的使用价值，内容的范畴不断扩大；其次，在内容制作上，内容产品的编辑制作更加简单，但对创造力要求越来越高；再次，在内容交易上，内容的复制变得更加简单，数字版权保护面临着新挑战。不过，数字技术也给内容产品的价值实现带来了更大的机遇；那就是：借助于数字化的传输渠道和数字终端，内容产品的规模化交易成为可能。

内容产品是信息元素按照逻辑结合在一起，具有应用功能的信息产品。新媒体时代的内容产品包含了如下要素：应用价值、创造力和知识产权。对这几个要素的具体分析如下。

第一，应用价值。从经济学的角度来看，内容产品要实现商业价值，就必须经过交换环节；而要实现交易行为，内容必须具有一定的使用价值。这也是对内容产品的信息量、价值量的一个重要评价依据。例如，评价一本书、一个网站或

一本电子杂志时，经常会用到"内容丰富"或"内容空洞"。

第二，创意或创造力。无论内容产品以何种方式呈现出来，它们身上都凝聚了独具个性的创意，并体现了一定的科技含量。创意使内容产品获得了自己的特征、基调和独特的风格，从而拥有生命力和竞争力。可以说，创意是内容产品的灵魂。现代技术是将创意转化为产品的方法和手段，是内容产品生产过程的助力器。因此，创意将是内容产品实现其商业价值的关键。目前，许多新媒体的内容产品质量明显偏低，很大程度表现在缺乏创造力，编辑制作方法始终没有跳出传统纸媒体的框架。

第三，知识产权。在新媒体时代，内容产品通常是一种无形的产品，内容能够进行交易的"实体"就是知识产权，各种形式的授权交易是内容产品进行交换的保证。随着内容产品的数字化，作品的复制更为方便，传播范围更加广泛，这就使得盗版更加容易。没有数字版权保护措施，内容产品的价值实现就无从谈起。

结合出版业实际情况分析，考虑到内容产品具有强大的外部性，因此并非所有的内容产品都可以通过市场进行交易。首先，公共内容产品不适合进行市场交易。例如，国防、司法和政府机密信息，公益性文化产品等，这部分内容产品需要通过公共部门来生产。其次，非稀缺的内容产品不适合市场交易。数字技术的发展，使信息传播的速度大大加快，网络上出现了大量的同质化信息。从经济学的角度来看，这些内容不具备稀缺性，用户随处都可得到，因此也不具备交易并产生价值的可能性。再次，"垃圾信息"或"冗余信息"不适合市场交易。这些信息不仅不能带来使用价值，还会给用户带来额外成本。上述内容无法通过商业化过程实现商业价值，而且其传播必须通过公共组织来承担。

（三）传播渠道：媒介相互渗透融合，内容与载体呈分离趋势

"0"和"1"的计算机数字化技术，进一步推动了新老媒介的融合与创新，尤其是电话网、有线电视网、互联网"三网合一"，高速而互动的宽带网络将逐渐成为主要的传播渠道。媒介传播的手段日益多样化，利用新媒体作为主要信息渠道的用户逐渐增多。

新老媒介的融合发展在一定程度上解决了传输渠道的稀缺性问题，提供了统一的内容传输渠道，渠道的传输能力由此得到了提高，从而为内容产业的规模化发展提供了动力和保障。在我国，新媒体产业群包含了大众传媒产业、电信产业、信息产业以及传统的家电产业，这些产业在内容产业中相互融合、相互支持，具

备了在传播渠道上融合的可能。

　　基于这种技术融合所带来的产业融合趋势，可以看到产业融合包含了三个层面：内容融合、三网合一和 3C 合一。其中，"三网合一"和"3C 合一"构成了内容产业的传输渠道。这里的"三网"是指广电网络、电信网络和宽带网络，

　　"3C"是指电信（Communication）、计算机（Computer）和消费类电子产品（Consumer Electronics），这里的"合一"是指这些网络、终端都具备了统一的技术标准，从而为内容产品的规模化传输奠定了良好的技术基础。

　　从出版发行的角度来看，新媒体已经成为发行渠道创新的一种重要方式。除了当当、中国图书网、China-pub 互动出版网等成熟的网络发行渠道，许多新兴的渠道也开始涌现。以手机出版为例，随着移动网络和移动终端功能的不断发展强大，移动化、便携性、功能强大的新媒体终端将备受青睐。内容提供商（CP）将新闻、小说、漫画、音乐、游戏等内容提供给服务提供商（SP）后，后者根据无线通讯渠道的传播特征，将这些内容进行个性化的整合和包装，依靠电信运营商向终端用户发布。一个显而易见的趋势是，数字技术将图文声像影等各种信息进行标准化编码，能够将载体与内容分离，实现信息的跨媒体传播。在跨媒体传播过程中，传统媒体和新媒体优势互补，互动趋势逐渐加强，这在一定程度上给传统出版提供了新的发展动力。

　　（四）受众：阅读需求个性化，新媒体价值凸显

　　受众的需求变化反映了市场的新变化。目前，网络用户的接入方式主要分宽带（含专线）、拨号和无线接入三种。宽带网民数的增加意味着中国居民的上网条件进一步改善，更多的网民可以通过较快的网速、较稳定的网络连接畅游互联网。而以手机为终端的无线接入则满足了一部分网民的特殊需求，已经拥有了一定的网民规模。

　　从受众发展情况来看，以互联网为基础的新媒体已经融入人们的日常生活、工作、学习以及娱乐之中，多元化数字消费逐渐分流传统纸质图书的阅读时间。如今，人们的阅读体验正呈现出全方位、多维角度、多文化层次的特点，要吸引受众的注意力进而实现数字出版的盈利，这将是需要重点考虑的一个需求环节。

　　从世界范围来看，新媒体技术日趋成熟，计算机成为新媒体传播的中心环节。

　　我国新媒体传播的硬件技术和支持条件已经成熟，特别是在通信领域，技术上不但与国际发展水平相当，甚至有几十项技术能够领先于发达国家。随着受众

阅读需求的变化，新媒体的营销价值也开始逐步显示出来。随着新媒体的营销价值逐步凸显，许多企业开始逐步调整营销策略，并加大了对新媒体营销的投入比例。例如，三星、宝洁等国际品牌，正逐渐减少对电视广告的投放，而加强对基于互联网、手机媒体、卖场视频等媒体的投放。

与期刊、报社等出版单位相比，国内一些出版社已经具备了一定的品牌知名度，在利用新媒体的过程中，新业务总是开展不起来，或者与预想有较大差距。这里面固然有盈利方式、运营观念上的一些问题，但其中的一个重要原因往往是忽视了新媒体受众与传统读者之间的差异，照搬已有的受众思维去做新媒体。长期以来，传统的阅读方式是基于文本的、线性的，主要凸显的是其文化传承、道德教化功能。当前，阅读的功能开始显现出娱乐性、快餐化、碎片化等特性，阅读的浅文化层次、大众休闲娱乐功能将得到加强。因此，要成功地将图书品牌延伸到新媒体上，需要有相应的受众阅读观念转型。

（五）传播效果：技术与文化影响加深，出版管理面临新挑战

传播效果是传播行为产生的有效结果，一般理解为受众接收信息后，在感情、思想、态度和行为等方面所发生的变化，但随着传播学的发展，这一传播效果的界定已有了很大的扩展，即把信息共享、兴趣养成、知识承接、情绪反应、审美愉悦、认同一致、态度转变和行为改变等都纳入传播效果之列。由于出版业是一种特殊的行业，其产业影响力除了体现在创造经济效益、制造就业岗位、维持社会稳定的特殊实力之外，还将直接表现在它对受众行为、社会文化的影响上。

以数字技术和互联网为核心的出版新技术的应用成为国际出版业竞争的重要发展方向，原有的行业分工正在被打破，新出版业正在向着一种既高度融合又高度个性化、高度交互化的方向发展。现在，用高科技武装起来的新媒体，尤其是互联网媒体和手机媒体的超常发展，将对受众的社会认知、社会判断、社会决策和社会行为产生不可小觑的影响。一方面，新媒体将通过自己的各种传播渠道对人们的认知、社会判断和社会行为施加影响；另一方面，新媒体将通过对内容的选择、处理、解读以及分析，向受众传播包含了某种倾向的观点、态度，从而在更大程度上影响人们的认知判断以及社会行为。总之，新媒体的媒体本质决定了它必须扩大对受众的影响，而对受众的影响则可能进一步影响社会文化、社会进程乃至社会决策等。

从广义的传播效果来看，在知识经济时代，新技术在创造新的物质价值的同

时，也是社会和谐、可持续发展的知识基础和技术支撑，它是国家安全能力的保障。然而，没有控制的传播效果往往会带来许多宏观管理上的问题。目前，新媒体行业呈现出许多新的特征，互联网、广播电视、报纸期刊、手机终端等媒体管理仍处在条块分割状态，而在这些领域中，媒体之间不断融合并快速发展。现行的管理体制以及书号、刊号批准制对图书、报纸、期刊、音像、电子五大媒体的融合形成了障碍，媒体行政管理之间的阻塞限制了跨媒体经营的进一步发展。即使在传统出版领域，尤其是新媒体削弱了传统的采集、加工、管理、发布环节，传统出版的把关作用正在逐渐减弱，如果不从战略上将这些新媒体纳入出版业之中，拓展管理对象和监管内容，改变监管方式，将会出现出版管理的空壳化、虚化和弱化，甚至会阻碍新媒体的健康、快速发展。这也是当前出版管理部门对数字出版频频加以关注的重要原因之一。

综上所述，传统意义上的出版范畴正在不断扩大，主要表现在：出版主体日益多元化，传统内容与数字内容并驾齐驱，出版传播的渠道日益增多，受众的阅读需求也越来越多样化。从产业的角度来看，互联网等新媒体的应用带来了整个商业模式的变革，传统出版业正面临着深刻的数字化转型。

三、出版价值链优化的轨迹探寻

喻国明认为，传媒业正从规模化经营向"结构"型经营转型，并指出结构竞争有三种模式："一是卖内容，售卖的对象是受众；二是卖影响力，售卖的是媒介对受众的影响力，售卖的对象是广告商；三是经营传媒的品牌，通过所掌握的客户系统，实现信息的增值。"对于图书出版单位来说，一般会主营"卖内容"，兼营"卖品牌"。新媒体技术的出现，使传统内容的核心价值得到了提升和优化，在"卖品牌"的同时，少数出版社网站甚至实现了"卖影响力"，通过资源的优化组合进一步实现了内容的潜在价值。从本质上讲，这个过程就是从传统内容向数字内容嬗变的过程。

（一）纵向：对传统出版、电子出版、数字出版的历时性考察

一个良好的产业生态，应该是在企业群落内形成一个合理的分工链条，这个链条上的每个环节都有自己专注的优势领域，合起来才能形成整体优势。下面，通过对传统图书出版、电子出版到数字出版的纵向比较，分析其价值链的新变化。

1. 对传统图书出版的价值链考察

对于图书出版单位来说，其基本价值活动是围绕图书的编辑、印刷和发行来

进行的，这也是图书出版单位的重要利润来源。对于这条基本产业价值链来说，它的上游是图书内容的提供者——作者，而在下游，则是图书的分销渠道和最终消费者。内部物流工作是围绕内容制作所发生的内部供应工作，其中重要的价值活动就是"版权采购"，也就是获得版权。生产经营这个环节可以理解为"编辑部工作"；而外部物流的环节可以理解为"发行部"工作，市场销售则是"广告推广工作"，服务则包括退货、换货，对读者咨询的解答和读者来信回复等。

由于信息在价值链中发挥着普遍的作用，近来信息系统中迅速发生的技术革新正对竞争产生着深刻的影响。在辅助性价值活动中，通过改进业务流程以及采用新的技术，可以产生价值增值，例如，开发电子图书增加新的收入，开通网站实现图书的网上销售，优化编辑和制作流程以降低成本等。当然，一些渐进的技术创新还体现在人力资源、采购等环节，这些活动都可以实现整条价值链价值增值，如图 2-3 所示。

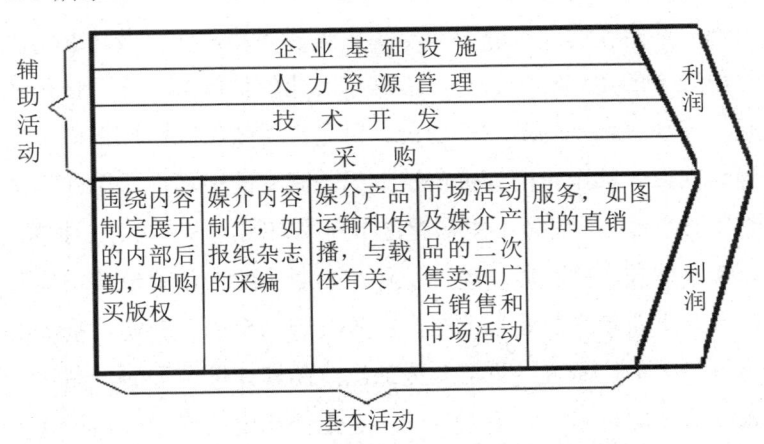

辅助活动	企业基础设施	利润
	人力资源管理	
	技术开发	
	采购	
围绕内容制定展开的内部后勤，如购买版权	媒介内容制作，如报纸杂志的采编	媒介产品运输和传播，与载体有关	市场活动及媒介产品的二次售卖如广告销售和市场活动	服务，如图书的直销	利润

基本活动

图 2-3　传统图书价值链分析

在基本价值活动中，版权采购是其中重要的一个环节，这也是实现"卖内容"的第一步。不过，在同质化竞争日趋激烈的情况下，出版社为竞争一部书而相互抬价的情况屡见不鲜。在内容的制作和传播过程中，跟风出版也造成了大规模的选题雷同、低水平重复。出版品种的高重复率是选题类型高度雷同的结果，大量的图书积压进一步压缩了出版业的利润空间，过剩的图书则造成了严重的资源浪费。这对价值链的整体优化无疑起着消极作用，也影响着其他价值实现环节的竞争力。

由于信息在价值链中发挥作用，近来信息系统中迅速发生的技术革新正对竞争产生影响。因此，在图书出版价值链中，需要充分考虑技术在价值链中所发挥的作用，在保证市场销售需求的前提下，努力追求图书库存总成本的最小化，使"内容的核心价值"得到实现。

2. 对电子出版价值链的反思

十几年前，电子出版的兴起对传统出版价值链产生过重要的影响，但出版社并没有能够把握"内容的核心价值"。探寻其中出版单位角色的变化，有助于我们更加积极低应对当前数字出版的发展。

在电子出版发展之初，出版社将自身定位为内容的加工厂与审核官，而忽略了自己还是作者与读者之间的沟通桥梁。前一种身份是外在赋予的，后一种能力要靠自身在市场积累。当外在赋予的权利失去独占性后，自身积累的能力又不够，出版社自然也就无所适从，完全丧失了对出版活动的主导权。由于出版物是大容量多媒体产品，作者的角色逐渐转换为有资金、有技术的内容提供商——电子制作公司。当一些有实力的制作公司掌握出版资源和市场并成功获得出版权后，就将作者与出版者的角色集于一身，占据了产业价值链的顶端，使传统出版社处境十分尴尬，甚至将其视为多余的角色。可见，传统出版单位在电子出版这一新兴领域遭遇滑铁卢，甚至沦落为价值链上无关紧要的一环，原因并不是一般认为的技术、资金上的弱势，而是不能掌握这个新兴市场的客户需求、把握市场导向。

如今，新媒体技术的发展，改变了传统出版企业内部价值链结构，改变了辅助价值链，并且重新定义了业务范围、竞争规则乃至原有产业的基础结构、范式等。对于传统出版单位而言，目前要更加注重新媒体平台上的"品牌"优势，这种优势融入了历史的积累与时间的沉淀，这是传统出版行业能够作为内容提供商安居于传统产业价值链上游的核心资源，也是在新媒体平台上仍然可利用的条件。但是，这些理论上的优势并不能直接嫁接到新媒体价值链上，因为新媒体时代更注重于跨媒体的资源整合，音频、视频的采集与传播成本越来越低，图文与音视频的混合出版物比重会逐步加大。如果没有音频、视频等"核心内容资源"的生产能力和积累，出版单位将处于非常不利的竞争地位。

3. 新媒体时代的出版价值链优化思路

根据互联网实验室的观点，在和新媒体产品相关的价值链中，主要包括内容提供商、软件及技术提供商、网络运营商、平台提供商、营销机构、终端提供商、受众、监测机构、企业主等。在这个价值链中，数字内容的范围已经突破了传统的图、文符号，新媒体的内容来源更加广泛，除了影视、图书出版、音乐的专业制作公司和传媒机构，还包括参与热情日益高涨的企业主和个人。其中，软件及技术提供商、网络运营商、平台提供商、营销机构、终端提供商、受众、监测机构、企业主等也扮演了重要的角色。新媒体时代，受众对个性化服务和体验的要求也越来越高。如图2-4所示。

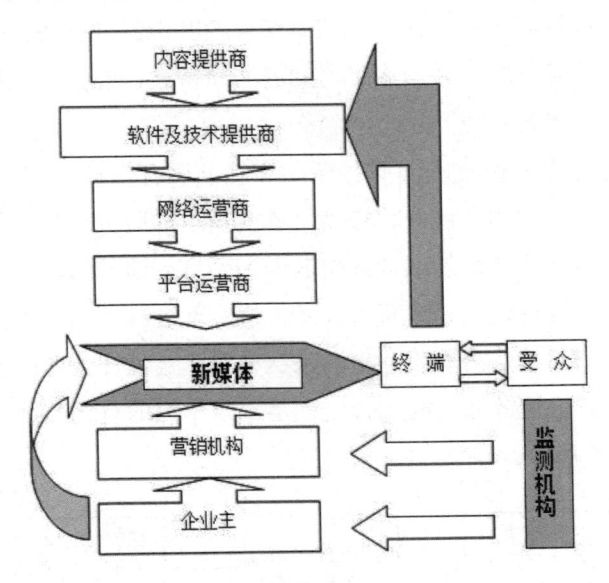

图 2-4　典型新媒体价值链分析

技术的初期发展是缓慢的，并具有明显的不确定性。在技术范式的分析过程中，研究人员通过技术绩效与积累性投入的变化关系总结出S形技术曲线。其中，在S形曲线"拐点"处，新技术的功能绩效明显提高，此时市场需求就会增加。

在新媒体时代，各种衍生价值链越来越丰富，价值的实现渠道也更加多样化。与电子出版时代的技术创新相比，数字出版所带来的技术影响范围更加广泛，传统的出版传播范式正面临着"变更"。结合技术创新的S形曲线可以看到，新媒体技术的功能绩效正逐渐提高，市场需求呈现日益增加的趋势。在这种多元化的需求面前，仅仅依靠纸质媒体来"卖内容""卖品牌"乃至"买广告"，已经远远不能满足受众的阅读需求。

目前，产品的质量、功能和服务保证等不确定性限制了消费行为，构成了新媒体技术及其产品核心价值实现的障碍。例如，电子书阅读器一直面临着阅读习惯、成本高等困境，硬件制造商花大力气在电子油墨、电子纸、优质显示技术、触摸屏等技术的研发，却使电子书阅读器陷入了"高投入"和"低产出"的怪圈。在这种情况下，越是新的技术和新的产品，越需要一些服务和体验活动来消除顾客的顾虑。这个过程需要明确产品与其所要满足需求的一致性，需要把企业的经济活动单元与消费的价值活动联系起来，是一个价值增值的过程，这也正是服务活动的基本特性。由此可见，在新媒体时代，类似于产品"包装"过程的服务活动，能够最大限度地满足顾客需求，从而获得顾客价值。服务价值链将是连接新兴技术、产品与市场、顾客效用满足之间的沟通桥梁，能够充当维系新技术和新产品与市场关系的重要角色。

服务价值链是企业通过基本服务活动和辅助服务活动创造价值，形成动态过程的一条循环作用的闭合链，它是满足顾客需求的服务价值结构。其作用体现在①新兴技术的服务价值链的结构本质在于为顾客创造价值，从而更好地为企业实现价值的分配；②有效地消除新兴技术价值实现过程中的不确定性风险，越是复杂的新兴技术产品越是需要服务来消除这种不确定性；③服务价值链是一条价值增值链，与原有价值链之间的结合过程是一个学习的过程。新兴技术管理的服务价值链如图 2-5 所示。

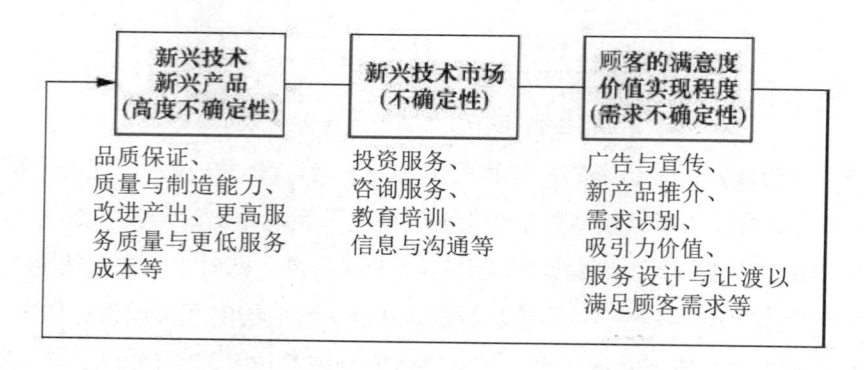

新兴技术 新兴产品 （高度不确定性）	新兴技术市场 （不确定性）	顾客的满意度 价值实现程度 （需求不确定性）
品质保证、 质量与制造能力、 改进产出、更高服 务质量与更低服务 成本等	投资服务、 咨询服务、 教育培训、 信息与沟通等	广告与宣传、 新产品推介、 需求识别、 吸引力价值、 服务设计与让渡以 满足顾客需求等

图 2-5 新技术管理的服务价值链

综上所述，尽管目前新媒体技术的应用还有很多不确定性，处于发展之中的产业价值链还有许多不完善的地方，但谁能发现其中的价值主张，能够掌握内容资源并提出有前景的商业服务模式，谁就有可能成为这个未来产业的"链主"，也就是未来的主导者。仅就这点而言，所有的参与者都还在同一起跑线上，这也是传统出版发展的一个新机遇。

（二）横向定位：对数字内容产业结构的共时性分析

在一个变革的时代，出版企业面临着不同的战略选择，要么成功转型，在新产业中发展壮大；要么与相关企业合作，在新的产业中升华自己；要么徘徊在新产业之外。以互联网技术为代表的新技术，在奠定新的"技术－经济范式"并产生新的产业部门的同时，也为多个传统产业的发展、融合提供了新的空间和机遇。由于这些技术定位于基本技术创新，因此，它所产生新的社会经济活动或新的产业是形成一个比出版行业涉及面更广、规模更大的新的产业——数字内容产业。

在《2004台湾数字内容产业白皮书》中，数字内容产业被定义为："将图像、文字、影像、语音等内容，运用信息技术进行数字化并加以整合运用的产品或服务。"中国传媒大学学者赵子忠在《内容产业论》中认为："数字内容产业是依托内容产品数据库，自由利用各种数字化渠道的软件和硬件，通过多种数字化终端，向消费者提供多层次的、多类型的内容产品的企业群。"通过对这些概念的梳理可以看到，内容产业由多个新兴产业融合而成。

结合上述分析，可以将内容产品的价值链进一步细分，即内容产品的创意和采集、内容产品的制作和集成、内容产品的传输和分发、内容产品的运营和分销，以及内容产品的终端呈现，每一个阶段的价值实现由不同的组织机构来承担。从总体结构上看，由于数字内容产业是由电子技术和文化传播领域相融合的产物，因此其产业结构也明显带有这种融合的痕迹，如图2-6所示。

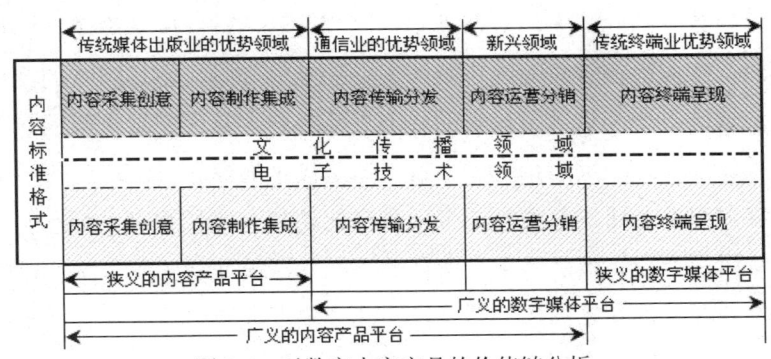

内容标准格式	传统媒体出版业的优势领域		通信业的优势领域	新兴领域	传统终端业优势领域
	内容采集创意	内容制作集成	内容传输分发	内容运营分销	内容终端呈现
	文 化 传 播 领 域				
	电 子 技 术 领 域				
	内容采集创意	内容制作集成	内容传输分发	内容运营分销	内容终端呈现

← 狭义的内容产品平台 → ← 狭义的数字媒体平台 →
← 广义的数字媒体平台 →
← 广义的内容产品平台 →

图2-6 对数字内容产品的价值链分析

在这个参考模型中，数字内容产品价值的实现按从左向右的顺序排列。作为内容产品的重要基础，基本的标准和格式被放在了价值链的起点。图中上层部分表示新产业的内容生产营销体系，下层部分表示新产业的技术支撑体系。通过该模型可以直观、形象地解释目前媒体出版业出现的各种现象。

首先，在上层部分对产业结构分割后，"传统媒体出版业"包括出版社、报社、电台、电视台、电影公司以及图书馆等。"通信业"包括电话运营商、移动电话运营商、闭路电视网运营商和宽带网运营商等。"传统终端业"包括PC机厂商、电视机厂商、手机厂商，以及电子视听、阅读消费类电子产品厂商等。"新兴领域"是新产业的机会所在、挑战所在、成败所在，因为这一段暂时还没相应的传统产业与之相对应，从商业模式到技术基础设施都需要重新构建。

其次，在下层部分，数字内容产业的技术平台主要有两个：一个是完成内容产品生产的技术平台；一个是完成内容产品的传播和呈现的技术平台。前者被称为"内容产品平台"，后者被称为"数字媒体平台"，这是新媒体平台的具体形式。在这两个平台中，内容分发分销的归属，由于应用和解决方案的不同会徘徊在两个平台之间，但这并不影响两个平台概念的存在。新产业技术平台的提供者和建设者是一个复杂的群体，这种复杂性一方面反映了产业融合的特点；另一方面也反映了新产业的社会分工还没有形成。

通过这个层次结构的划分，可以看到，由于不同主体所处的角度不同，对相关产业的组合方式也各有偏重，如有的偏重于内容采集和编辑制作，有的偏重于内容传输和运营。在市场没有发育成熟之前，这些层次的任意组合就会出现许多具有不同外延和内涵的新名词，以及围绕这些新名词的热门争议。

这种纵向分析和横向分析的启示是多方面的。其一，对出版单位来说，不仅仅是渠道、内容之间的竞争，更体现了集团产业价值链之间的竞争。当市场需求发生变化时，产业价值链也随着市场的变化而延伸，具有市场嗅觉的单位通过产业价值链条内的各个环节甚至是辅助环节灵活整合，从而实现价值的最大化。其二，对出版管理具有一定启示。由于目前信息技术的变化以及产业价值链整合的特点，数字内容产业所涵盖的领域呈现多样化的特点。如数字出版产业的核心价值链与数字影视产业、数字音乐产业截然不同，笼统地将其归入某个范畴将会给该产业的发展和管理带来消极的影响。因此，要把握新媒体时代数字出版产业的发展，首先要了解数字内容产业的具体特征，实现自身的精准定位，在吸收其他领域优点的基础上，逐步发展壮大并争取形成主导优势。

第三节　新媒体背景下出版单位的数字化转型

如今，新媒体技术对传统产业价值链的冲击将更加深刻和猛烈，传统出版角色（如作者、出版商、印刷厂、发行商、零售商）的分工开始被打乱，跨媒体出版所带来的音视频采集与传播成本将越来越低，图文与音视频的混合出版物比重也会逐步加大。而关键的是，用户需求也将发生深刻的变化，这对习惯于单一出版介质、传统商业模式的出版业者将提出很大的挑战。

一、博弈：我国出版单位数字化转型的动力和阻力

随着数字化、信息化进程的加快，传统出版社和电信运营商、信息服务提供商、信息资源集成商、信息技术开发商、产品分销商等，在新媒体形态和出版物类型的市场开拓中出现合作、竞争，出版产业整体迅速扩张，出版生产方式逐步向全数字流程演进，涌现出多种数字媒体的出版形态。同时，传统出版与新兴网络、移动媒体内容生产的边界开始模糊，走向融入更大的新型产业之中。在这个博弈的过程中，传统出版单位面临着多方竞争，"某个参与者如果采用优势策略，就能使自己获得比采用任何其他策略更好的结果"。目前，数字出版的理想与现实之间还有一段距离。"这段距离的长短取决于传统出版向数字出版转型过程中的利益相关者——主要包括出版社、发行商、技术提供商、读者等——对数字出版这个新事物所做出的行为决策。"

（一）国内出版单位发展新媒体的动力

推动出版社发展数字出版的动力主要表现在以下几个方面。

（1）降低成本，提高内容产品竞争力。随着纸张等原材料价格的上涨，图书成本日益增加，依靠涨价很可能会降低产品竞争力。在传统出版价值链上，通过管理、技术创新或者调整产品结构，可以降低成本，包括制作成本、发行成本、库存及损耗成本等。如今，数字出版的出现，减少了印刷、装订等工序，与之相关的纸张、油墨、装订等可变成本及印刷设备、装订设备等固定成本便不复存在；在发行过程中，通过新媒体渠道可以实现直接销售，大大减少了人力物力开支；在库存及损耗方面，数字内容产品可以轻松实现零库存和零损耗，明显减少物流成本。以电子图书发行成本为例，复制成本几乎为0，无论是一两本还是一两万本都一样。毫无疑问，这种整体价值链的成本降低，对出版单位具有很大

的吸引力。

（2）增加新的盈利方式，赢得新的消费者。畅销书的上架时间比较短，下架后很难寻找，其他非畅销书籍的上架时间就更短了。如果读者在这之后需要购买，就只能独自联系出版社或者干脆买不到，新媒体的出现很好地解决了这些问题。在这种环境下，内容产品的范围不再局限于传统的纸质版本，图书内容的附加值明显提高，出版资源的增值渠道明显增加，这使出版社在传统的发行收入之外探索相关的盈利方式成为可能。例如，通过手机点播和付费阅读的方式，拓展网络图书盈利方式；通过专业数据库出版，探索新型的内容服务模式；通过网络杂志的运营，获取图书发行收入之外的广告收入等。这些潜在的"金矿"也是吸引出版单位积极参与的新动力。

（3）准确把握市场新动态。出版单位的市场化程度比较低，即使在传统的出版市场上对客户需求的认识和满足能力也并不是很强。新媒体技术的应用，增加了传统出版单位了解市场、把握市场的能力。由于无法准确预知市场的需求数量，往往会失去宝贵的商机。例如，通过博客把握读者的新需求，可以随时调整内容方向，从而掌握第一手的市场信息；通过网络书店的销售反馈，可以随时了解本社及其他单位书籍的销售情况等。

从版权洽谈，内容编辑、制作到发行、反馈，以及出版流程的管理，新媒体都在逐步优化价值链，因此这种动力是多方面、深层次的。对此，多西极力主张把企业价值活动的变动与技术范式演进联系起来，以便对企业生存方式有一个完整的认识。这是因为"促使技术范式转移的破坏性技术的商业化将使企业价值网络发生激烈变化，并形成完全不同于以往的成本结构，也就是说破坏性技术将促使一种新的商业模式的诞生。"因此，在技术范式演进的过程中，企业需要建立适合新的价值活动的联系方式，形成新的价值网络。

（二）国内出版单位跨媒体资源整合利用的阻力

总体而言，国内出版单位注意应用新的技术成果，深度开发内容资源，不断延伸出版产业价值链，努力实现传统出版与数字出版的有效对接，在运用新技术、发展新媒体方面进行了有益的探索和尝试，但在参与的深度和广度上，还有不少问题，主要表现在以下方面。

（1）对数字内容的掌控问题。尽管传统出版单位具有丰富的资源优势，但需要注意的是，这些内容只是传统的内容资源，直接应用到数字出版会产生"水土不服"。在传统价值链上，出版社控制着书号或刊号这样的稀缺资源，所有内容若要合法出版，就必须得到出版社的许可。这使传统出版社在与作者（尤其是普通作者）的谈判中握有绝对的控制权。但是，这种控制局面在数字出版时代正受到着冲击。从数字出版的传播模式来看，作者通过新媒体渠道可以直接和读者建立联系，省却许多中间环节，这难免会削弱传统出版社对内容的控制权，他们甚至会担忧自己的生存前景。

新媒体技术的发展进一步加剧了这种内容"失控"的局面。目前，许多作者将自己已经发表的作品直接公布在自己的个人博客上，以此来提高博客的流量和个人知名度，出版社往往对此无能为力。另外，来自新型出版主体的挑战也进一步加剧。在这条日渐成型的产业价值链中，主导产业价值链的新媒体公司完全掌握着内容的出版和利润分成。如果现有出版社失去了对内容的控制权甚至是产业价值链的主导权，其获取经济利益的支配力将大大降低，这也是传统出版社对数字出版顾虑重重的一个重要原因。

（2）对数字版权的保护问题。在产业价值链上，版权的采购是十分重要的一环，在新媒体环境下依然如此。不过，通过新媒体平台传播的作品被疯狂盗版的风险进一步增大。为应付神出鬼没、几乎无所不能的盗版军团，作者和出版单位也是各出奇招，如加快出版进度、在出版前停止更新等，但往往收效甚微。除了盗版之外，由于作者创作上的随意性，经常导致书名、作者署名、文本节奏、故事结局等与实体出版有冲突，一旦编辑决定加以修改，就不可避免地会出现与读者沟通不畅的问题。类似的情况也出现在其他网络图书出版的过程中。廉价而猖獗的盗版书，正不断蚕食着正版图书的销售利润，的确成了令广大作者和合法出版单位"谈虎色变"的终结者。

由此可见，与传统出版相比，现代数字出版业务的版权保护问题更加突出，数字化内容"易于复制，便于传播"的特点客观上为侵权盗版活动提供了便利。网络数据易删除，对及时发现、快速取证、固定证据的要求比较高。侵权盗版者身份隐蔽，往往是未经备案的网站和资金很少的公司，单个出版单位采取维权措施成本很高且收效甚微。现代数字出版与网络传播的法律、法规体系还不够完善，出版单位的权益得不到有效保障。出于保护自身内容资源的考虑，部分传统出版单位对延伸产品链、发展新媒体持较为谨慎的态度。

（3）对阅读需求的把握和观念问题。受传统观念和传统体制的影响，出版单位仍然习惯于旧有的业态和管理方式,部分出版单位依赖于书号和刊号资源,依靠国家的行政性垄断和保护。由于多年的封闭,出版单位市场化程度太低,即使在传统的出版市场上对客户需求的认识和满足能力也并不是很强。比如,在购买许多图书的过程中,普通用户的需求往往只是在浩如烟海的书堆中找到自己所喜欢的某一本书,或者只需要其中的某一篇甚至只是某一段。而整本销售或按期出版明显带有了印刷时代的媒体特征,这与受众的"随时、随地、随心所欲"阅读的个性化需求是背道而驰的。如今,新媒体载体的变化意味着可以满足客户更多的需求,也必然会引起出版形式的变革。以龙源期刊产品为例,该站点利用数字化的特点把传统期刊之间的内容整合打通,形成了一个由 1600 种杂志组成的超级大期刊,读者可以通过网络选择定制所需要的期刊,然后自动生成自己个性化的阅览室,实现个性化定制。类似的定制服务还出现在中国知网、起点中文网、中文在线、维普等数字出版网站中。

在传统出版思维的主导下,数字图书更加强调读者整本地下载,数字杂志更加强调定时定期出版,这就是因为从业者对新媒体所带来的革命性变革缺乏足够的把握,简而言之,就是没有真正理解用户的需求。在这种迟疑的态度下,一个鲜明的对比正在形成:新出版主体积极抢滩掠地,盈利模式日渐清晰;传统出版主体观望徘徊,参与热情明显降低。在短期内发展新媒体难以带来利润的情况下,传统出版企业运用新技术、发展新媒体的内在动力明显不足,与数字技术开发商、软件平台提供商和网络服务企业对于数字出版的高度热情形成了鲜明的对比。部分出版单位虽然投资应用新技术,但对新的出版载体、新的工作流程、新的管理方式还很不适应,仍然沿用旧有的纸质出版物生产模式,内容资源和技术资源得不到有效利用。许多出版社虽然建立了自己的网站,但缺乏整体规划,信息更新缓慢,甚至是完全静态的页面,仅有关于出版单位的简单介绍,没有进一步投资开发挖掘网站的功能,新的增长点培育乏力。

(4)人才、资金和技术选择的问题。在传统出版向数字出版转型的过程中,人才、资金和技术的选择能力也是一个需要加以考虑的问题。

首先,现阶段优秀复合型出版人才比较匮乏。复合型人才的缺乏,已经成为出版社运用新技术、发展新媒体的一大障碍。传统出版领域集中了大批精通传统出版策划、编辑的专业人才,而这些出版专才在新技术应用与开发方面不具备优势,也欠缺数字出版等新媒体经营意识。由于传统出版单位分配和激励机制不灵活，不仅难以吸引复合型人才和技术专家，现有的优秀人才也难以留住。目前，活跃在互联网出版单位、电子图书公司、网上书店的一批高层管理人士，大部分具有曾经在传统出版发行单位工作的背景。在与高新技术企业的人才竞争中，传统出版单位处于被动地位。

其次，传统出版单位的融资能力较为有限。受传统出版单位体制的影响，出版社的融资能力受到很大限制。信息基础设施建设、信息系统定制等都需要大量的前期投入，日常管理维护也需要列入年度计划。大量的资金投入往往体现为隐性和长期收益，并不能迅速得到回报。而发展新媒体需要大量资金、人力的投入。因此，与有海外上市公司和风险资金支撑的网络公司、数字出版企业等新型企业相比，传统出版业尤其是中小型出版单位在资金投入上更加谨慎。其结果是，新兴的数字媒体提供商开始迅速向内容提供商转型，挖掘、整合传统出版单位的内容资源，传统出版单位赖以生存的基础正面临前所未有的威胁。

再次，技术标准的选择问题。技术的选择很大程度上反映了出版单位的决策能力，数字出版产业的发展离不开标准化，尤其在新媒体相关领域，中文标准严重缺失，由中国制定的国际标准屈指可数。除了互联网基础性标准外，数字出版产业的标准化还包括元数据的标准化、网络出版的标准化、出版物流系统的标准化等。在运用新技术、新媒体过程中，标准不统一长期困扰着出版行业。单就内容发布格式而言，国内就有多种格式，要求用户必须使用不同的阅读器进行解码，增加了用户使用成本。

（三）产业价值链上的博弈

内外因素环环相扣并互相制约，导致了一些传统出版单位对于新媒体技术环境的不适应，在产业价值链的整合上困难重重。图2-7表明了这种产业价值链上的博弈关系。

在新兴的数字出版产业价值链上，这种博弈过程很直观的反映了出版单位的困境。要突破目前的阻力并在数字出版方面大有作为，除了出版单位自身的努力外，还需要有多方面因素的配合，如政策的引导、受众阅读习惯的改变等。当然，这种阻力的突破也包括引入新的竞争模式，如以内容为中介"卖影响力"，通过网站、多媒体电子书、手机阅读等新媒体形式赚取更多的广告收入，轻工业出版社的"瑞丽"网站和"瑞丽"电子书就是一个很好的实例。因此，在传统出版向数字出版转型的过程中，突破阻力的关键在于能否把握住数字出版的本质，进而在战略、运营和组织文化等方面设计出相应的商业模式和运营模式，强化自己作为内容供应商的核心竞争能力和持续发展能力。

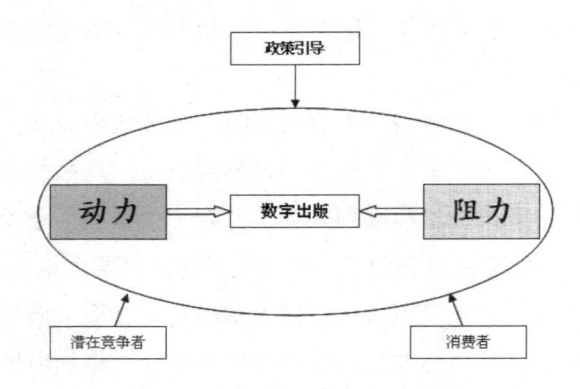

图 2-7　出版社的数字化转型模型

二、国际出版集团发展新媒体的典型模式

近年来，国际上占主导地位的出版商，正积极向数字化转型，有的已经取得了成功，并获得了丰厚的回报。不断寻求内容资源与新技术新媒体的结合，正成为国际知名出版公司主动适应产业环境、提高核心竞争力、在全球市场保持领先地位的关键。

（一）专业出版的数据库模式

价值链理论认为企业的竞争优势，实质上就是企业在价值链上某一特定的战略环节上所具有的优势，这些战略环节是企业竞争力的源泉，也是企业利润的来源。只要控制这些关键的战略环节，就控制了整个价值链，也就获得了持续的赢利能力。在数字出版行业，内容的原创能力及内容资源的集成配置能力越来越成为价值链的核心环节，畅通的传播渠道对内容产品的价值实现具有举足轻重的作用。在这方面，国际上一些专业出版集团的发展模式具有很好的代表性。

随着信息来源和信息采集手段的增加，科研机构用户和专业人员对出版产品的需求发生了重大变化，"精、准、快"的深层服务要求越来越强烈，而传统的学术和科研服务明显滞后。国际上著名的专业和学术出版单位积极应对市场变化，不再固守单一的内容出版业务，而是寻找新的发展空间和赢利方式，通过提高内容的附加值，为读者提供更多的选择和全面的服务，不断推动专业和学术出版向纵深发展。在这一领域，收购高新技术公司、同业并购扩大数据库内容及提供增值服务的速度和力度，将直接决定其在未来市场上的排名。目前，在服务水平上，它们更注重为法律、金融、科技、商业、科学保健等领域的高端用户和研究学者提供及时、全面的在线支持。在这方面，励德·爱思唯尔、施普林格、威科等大型出版集团纷纷出手，在专业数字出版方面进行了大胆、有益的尝试，并获得了很好的收益。

（1）结合专业出版特色，提供功能强大的数据库服务。以励德·爱思唯尔集团为例，建立庞大的数据库并提供功能强大的在线平台是其成功的根基所在。目前，励德·爱思唯尔集团投入巨资建立了世界规模最大的科学文摘数据库 Scopus 和全文数据库 ScienceDirect，全球许多大学和研究性图书馆都在使用这些产品。目前，每年电子产品为爱思唯尔带来的销售收入占 1/3，赢利收入占一半，励德·爱思唯尔也因此被认为是传统出版商向数字化出版成功转型的典范。通过与全球的科技与医学机构合作，其下属的爱思唯尔公司每年出版 1800 多种期刊和 2200 种新书，以及一系列创新性的电子产品，如 ScienceDirect、MD Consult、文摘型数据库、在线参考书目和特定学科入口网站等。他们认为，"建立图书馆与出版商之间的紧密关系是找到满足双方需求的基本解决方法。"励德·爱思唯尔集团旗下的美国律商联讯（lexisnexis）在法律、税务、新闻和商业咨询方面也尽显数字出版优势，其产品主要包括 lexis.com 法律库和 lexisnexis academic 学术大全库，此外还有统计数据库、环境数据库以及美国国会数据库。

（2）与大型搜索引擎合作，开展专业数字出版的"拉动式营销"服务。以施普林格的数字出版平台为例，2006 年 8 月，集成功能更强大的新数字出版平台 SpringerLink 2.0 开始运行。该系统提供了在线期刊、在线电子书、在线参考书、在线丛书等多种格式的电子文档。该平台的特点在于：通过与功能强大的搜索引擎对接，用户可以按章订阅；由于电子书和期刊的无缝集成和可按图书章节搜索，用户甚至还可以实现按章销售，根据自己的需要自由组合购买。2006 年 10 月，施普林格与谷歌开始合作，目前，谷歌已经是 SpringerLink 最大的访问者来源。

（3）通过集成化产品创新，利用新技术、新媒体抢占市场。以威科集团的数据库平台为例，该集团之所以能保持高速的发展，在于不断进行产品创新。在荷兰，威科集团基于互联网建立了为顾客量体裁衣定制的咨询网站——Fiscal Advice Journal；在美国，创立了 CCH 股票跟踪公司（CCH Securities Compliance tracker），对政府的规则和规章每日进行报道；在德国，与歌德学院合作推出了在线语言培训课程。从 2001 年开始，威科集团将所有与健康相关的内容全部集中到 Ovid 平台，通过 Ovid 平台为协会成员、图书馆、终端用户（比如诊所医生、研究者和制药师等）提供方便的服务，并能通过开放的链接技术为其他出版商和互联网资源网站提供信息，提高数据库的知名度。目前，除了世界著名的医学数据库 Medline 以外，与出版内容相结合的软件（如税收软件和电子地图系统）功能十分强大，加上传统出版商在收集、处理、增值和传递等过程中表现出来的优势，使该公司的内容、服务和软件工具三者达到了完美的结合。

（4）通过资源整合与共享，提供专业领域的精准服务。通过对价值链的精准定位，汤姆森能够面向各个层次受众提供多种服务，同时可以通过某一个细分的专业领域通过技术、内容或市场方面的绝对领先来建立竞争优势。通过共享信息及资源，汤姆森集团可以使内容和技术实现共享，并根据资源库开发出新的产品，如法律、金融和科学及保健等领域的用户可以享受到其他领域的服务。这些面向高端用户的产品和服务，通过成熟的技术平台，以用户选择的方式获得。

综合上述趋势分析可以看到，在学术/专业出版领域，大多数国际出版集团的核心业务表现得更集中，专营高赢利、高增长的市场领域，获得比其他领域更快的资金回报，已成为这一领域的发展趋势。由于产品和市场细分程度高，终端用户需求为差异化，因此专业出版领域成为数字新技术的最大受益者。以数据库为基础的数字出版集约程度高、存贮寿命长、分销环节少、开放的平台、检索快捷、收费低廉等因素（加上适时印刷系统的出现），极大地促进了学术等先进文化的传播。从产业价值链上来看，专业出版集团除了做好传统的出版工作，正通过数字技术逐步扩大自己的产品范围，并在互联网出版形式下已经形成了比较好的赢利模式，即学术研究、信息采集、适时印刷、资源集成、网上服务、产权保护等完善的价值链，前景十分广阔。

（二）教育集团的立体化数字出版模式

产业价值链整合是企业按照发展战略，通过整合企业的各项价值活动，重构企业价值链，提高企业整体赢利水平的过程。这种整合趋势在国际教育出版集团中得到了体现。一般来说，教育出版包含中小学、高教及一部分专业出版的内容。数字技术的进步，电子书丰富的呈现形式，从根本上改变了学校的授课方式，这也使教育出版的潜力逐步显现出来。目前，各大教育出版集团通过开发多样化的教学评估和测试产品，提供在线平台服务，实现增长并积极超数字化转型。教育出版在数字出版方面的巨大市场，也使国际教育出版集团更有信心立足于原有的内容采集、内容制作，立足于高水平、高质量的内容提供商，通过数字出版技术进一步丰富传统的出版产品形态。

（1）借助新媒体提供立体化内容服务。对于杂志和报纸出版商，由于主要广告商开始转向网络媒体，他们也开始自己创办或收购在线业务。培生技术中心是集团内部的技术中心，是数字出版的执行机构。因特网使培生教育公司有机会将教育出版带入一个内容更加丰富，教与学直接交流、互相影响的新时代。在自主开发的"培生选择"项目中，老师和学生可以选择定制内容，将传统的教科书与数字资源相结合，通过培生网站，学生可以下载有声教科书和相关资料，以便在电脑、手机上随时收听，使学生的学习更有效率。

（2）通过兼并与投资，确立数字出版优势。美国教育出版巨头麦格劳－希尔公司近在数字出版方面也有大手笔，早在2001年，该公司就开始推出25000种电子教材供大学生使用。2005年，它的Platts和Construction部门都加大了对在线有偿信息服务的力度，其总收入中数字化收入占65%。2006年1月17日，麦克劳－希尔作为战略投资人参与了弘成学习网（原中华学习网）的融资，这也是其在中国网络教育领域的第一笔投资。近年来，麦格劳－希尔在数字化产品上也颇有建树，尤其是数字医学图书馆、数字工程图书馆、数字科学图书馆，它们以书的内容为底层数据库，保持了书的完整性和信息的权威性。通过内容的更新，可以掌握新行业新闻，以及书中内容的新发展。在提高更新速度的同时，通过数字出版技术进一步保证了理论的权威性和知识的系统性。

此外，很多大学出版社在面对数字出版和网络出版时，采取了折中方案。例如哈佛大学出版社，在牢固控制其主力的学术出版资源的同时，一方面将极其专业的、受众少的图书交由其分支机构如皮博迪博物馆出版社和大卫·洛克菲勒拉丁美洲研究中心进行出版，另一方面充分运用博客、RSS等手段及时向读者发布新书的信息，同时提供图书部分内容的即时在线摘录。总之，从内容产品的价值链来看，大多数国际教育集团在战略定位上更加偏重于内容挖掘，提供附加值更高的服务。国外多项调查表明，大学生更喜欢电子教科书，因为它的价格便宜，网络查询也十分方便；但这些学生仍然需要将许多资料复印，显示出数字出版依然存在不少障碍，教育出版价值链仍然有许多需要完善的地方。不过，教育出版也面临着有待突破的瓶颈：如让习惯看纸质教材的老师逐渐喜欢用电脑和电子教材，说服图书馆采购商增加对数字出版产品的购进，这都需要一个渐进的过程。

同时加上各国政府对教育的财政拨款时有起伏，使这个领域充满了变数。

（三）大众出版的价值链延伸模式

价值链延伸模式是企业突破原有的产业界限，通过利用新媒体、新技术，在产业价值链上向上游或下游方向延伸，从而获取新的价值。

（1）借助原有品牌扩大新媒体的影响力。目前，很多大型出版集团本身就是有市场影响力的品牌，在相关行业和领域具有很高的知名度，将品牌从纸媒延伸到网络、手机，成功的概率就会大很多。这样，通过利用品牌就可以延长产业价值链，从而获取更大的赢利空间。当然，价值链的延伸不仅仅是内容产品的转移，一本图书如果本身就没有市场或没有形成品牌，说明产品定位、策略等有问题，转移到新媒体上也将面临同样的问题。如美国新闻集团已经将品牌杂志的网络开发作为杂志业一个新的增长点。该集团旗下的 14 个网站，在一个月里网页浏览量达到 1900 万，用户达到 180 万。这些网站利用网络独有的形式，吸引了网民，从而吸引来广告客户。另一方面，也要看到，正是杂志自身品牌效应，才能产生与网络的联动，从而拓展了其经营范畴。如果缺乏品牌做依托，在当今互联网的汪洋大海中想获得成功恐怕是很困难的。

（2）通过技术合作加强数字版权保护。保护版权是保证品牌创新的第一步，也是在数字环境下迅速有效运行国际出版集团的关键。对于大型出版集团来说，内容的生产过程需要付出许多的努力和实践，而将知识产权以书籍、电影、音乐、多媒体游戏和教育产品形式呈现，并在全球范围进行推广，正是这些公司生存和发展的基础。在 Google 图书搜索的冲击面前，许多图书出版商开始采用严格的版权保护和技术合作提高图书内容的自主性。2007 年 6 月，维阿康姆旗下的西蒙和舒斯特（Simon and Schuster）出版社与美国新泽西州的数字内容服务公司 Innodata Isogen 合作，对已出版图书进行数字化备份，并将为西蒙和舒斯特出版社的所有在版书进行数字化转换。西蒙和舒斯特出版社数字媒体部高级副总裁凯特·滕特勒表示，一些已出版的畅销书都在进行数字化。随着按需印刷技术的发展及电子书、搜索引擎及其他数字媒体的出现，我们将调整好自己的位置，以适应即将到来的数字时代。

为了弥补技术上的缺陷，许多老资格、实力雄厚的国外出版巨头也大都采取了与其他高科技公司合作的方式。比如，一些先进的版权保护技术也相继开发出来，如"版权世界网"（http：//www.Rightsworld.com）、"版权中心网"（http：

//www.Rightscenter.com）等。这些数字版权管理商开始向出版社提供编码和其他系统服务，保护他们的内容免受盗版，保证正当的收费。美国互易网（Reciprocal, http：//www.reciprocal.com/）的数字服务中心也和许多出版社建立了合作关系，除了能够提供内容保护，客户可以通过数字版权管理系统解决电子书和数字内容保密的问题，也能用于保护和控制使用数字内容，分发给终端用户也不必担心有失去版权控制的风险。

（3）通过新媒体加强营销与产品推广。这也是国际出版业巨头得以在新技术新媒体环境下，继续占据和巩固其在全球化的现代内容产业领域的领导地位。除了利用技术合作的方式开发品牌，不少出版社也开始寻求自主创新的数字出版方式。早在2001年，美国出版社就开始尝试打破原先的先精后平的模式，先推出电子版图书再推出纸本的策略，意在抢占市场。为了更好地发展线上销售，出版商积极利用新媒体技术，尤其是在多媒体开发方面进行了积极的探索。哈珀·柯林斯出版公司则在自己的网站及几乎所有的热门搜索引擎、门户网站上提供其所出版图书信息的链接，通过 E-mail 经常性向目标用户发送图书通讯等手段，与消费者建立更直接和稳定的联系。贝塔斯曼出版公司利用新技术加速扩张其互联网业务，创建了贝塔斯曼在线（BOL），BOL 后与贝塔斯曼书友会整合，通过建立在线平台为书友会业务提供支持；其下属兰登书屋的新媒体部门则专门负责在各类网站和网上社区寻找和吸引读者，超级畅销书《哈利·波特与凤凰令》在美国正式上市之前，兰登书屋就通过网站推出了该书105秒的朗读片断，对该书进行全方位的宣传。可见，在加大版权保护的基础上，"技术合作－自主创新"模式是这些公司目前数字出版行动的重要部分。为更好地抓住数字时代带来的商机，西蒙和舒斯特出版社从2007年5月中旬开始，更改了与作者签订的标准作者合同的条款内容。在新的合同中，出版社将拥有作品的数字版权或按需印刷的版权。这就表明，在图书印刷版绝版时，出版社可以以按需印刷的形式重新印制出版图书。尽管这种做法目前面临一些争议，但是，通过技术合作保护内容版权，通过技术创新充分拓宽现有的营销渠道，加大对价值链其他环节的建设，正成为这些出版集团数字出版战略的重要组成部分。

三、数字化转型的借鉴评价与得失比较

一切技术最终都是转化为满足顾客各种需求的产品和现实价值。真正的竞争优势属于擅长技术选择的公司，而不是只创造先进技术的公司。经过多年的发展，

中国新媒体传播已经步入了融合发展阶段，新的商业机会不断出现。除了互联网、数字广播网，手机也有望成为未来新媒体的主要终端之一，同时还会出现更多的移动新媒体终端。在这种趋势下，个性化需求不断强化，人们已经不再满足于一般的同质化产品，而是对产品的异质化要求越来越高。

（一）国际出版集团发展新媒体的启示

通过对不同领域国际出版集团考察的可以看到，在数字出版时代，主动适应产业环境的变化，通过内容资源与新技术、新媒体的整合优化，打造适合自身特色的价值链，正成为国际知名出版公司提高自己核心竞争力的关键。

首先，把握产业价值链的差异性。在出版行业，书、报、刊等各个传统出版领域对新媒体的整合方式也各有千秋，盲目地按照传统出版运营思维去整合新媒体，往往会陷入盲目境地而丧失继续前行的积极性。即使在图书出版行业，还应该看到专业出版、教育出版、大众出版的个性化特征。通过对相关环节的准确把握，充分利用新媒体的优势来提高竞争力，从而达到将新媒体"为我所用"的目的。

其次，要善于挖掘新媒体的出版优势。通过对斯普林格出版集团等大型出版集团的新媒体策略考察可以发现，在数字出版时代，尤其是在功能强大的搜索引擎出现的时代，拉动式营销策略正深刻影响着这些大型出版集团，并反映在集团发展战略和今后所提供的服务中。要实现数字出版的价值，还必须通过质量高的内容、现实的需求、便于获取的途径、读者的阅读使用和能够找到等多方面的努力。因此，"找得到"正成为数字出版的竞争优势所在。比如，施普林格出版集团已经逐步减少主动发送宣传手册，而是通过和主要的搜索引擎建立技术合作关系，通过搜索引擎把终端读者拉到数字出版平台上来，这样的营销策略目的性强，营销资源也得到了很好的利用。由于数字出版等高端领域尚在培育之中，因此更容易打开中国的大门。一些国外出版单位开始利用新媒体、新技术在中国发展电子图书市场、远程教育体系、电子期刊、数据库等。律商联讯公司总裁安德鲁·普鲁兹认为，在中国，对因特网和移动通信技术的快速接受将成为改变人们信息使用方式的关键，也将使中国更好地应对知识经济的需求。

再次，通过兼并收购，发挥新媒体在全球化运作中的作用。从这些大型出版集团的发展经验来看，数字出版要实现盈利和快速发展，需要有两个关键条件。一是大规模的内容，这是数字出版的基础；二是大规模的使用，这是数字出版实现盈利和提供优质服务的关键。当然，实现大规模内容和大规模使用，还需要许多支持系统，如先进的技术、销售网络、营销策略和定价机制等。在这种情况下，提供技术支持的新媒体公司与出版公司的并购成为了一种新趋势。

总之，从技术与价值实现的角度来看，在全球化的今天，技术创新还必须面对全球市场，因此必须重视关键技术的原始创新、自主创新和系统集成。在市场经济的条件下，技术创新要遵循市场规律，走社会化、产业化和规模化的道路。没有企业为主体的技术创新则不可能真正完成由知识、技术到产品、工艺的完整创新价值的转化与实现，也无法完成科技知识向现实生产力的转化；同时，技术创新也需要良好的外部条件，如风险投资的介入、政策上的支持等。

（二）找准商业模式，寻找数字出版的核心价值

在《商业模式创新白皮书》中，哈佛大学教授约翰逊将商业模式归结为一个由客户价值、企业资源和能力、赢利方式构成的三维立体模型，其中，反映客户需求的客户价值是商业模式的核心环节。面对海量的、无法处理的信息，人们更加需要可信赖的专业媒体组织和媒体专家来搜集、分析和诠释信息。这种情况下，新媒体的核心价值将更加突出。当前典型的数字出版模式有两种：第一，基于网络新媒体的电子书模式；第二，基于手机新媒体的移动数字出版模式。

第四节 新媒体背景下我国出版业的发展对策

技术进步带来了产品成本下降和消费品升级换代，并改变了消费需求结构和供给结构，其结果是社会劳动生产率逐步提高，从而导致产业分工的加深和产业经济的发展，使产业结构不断深化。不过，尽管新媒体给传统出版业带来了全新的理念和机遇，但在市场化、国际化程度方面仍然有待提高。在没有找到合理的商业模式之前，以新媒体技术为基础的数字出版何时能够成为产业甚至替代传统出版，依然是一个未知数，这里包含了产业结构创新层面、行业外部管理的因素等。

随着新媒体技术的全面融合，传统出版业已经不再局限于书报刊和音像、电子等领域，而是进入了更加广阔的发展空间，如网络游戏、手机出版等新型产业就明显带有这种产业交叉融合的痕迹，放弃对这些新型产业的主导地位就意味着优势资源的逐步减少。20世纪90年代后期以来，随着国际产业结构升级步伐的加快，不少发达国家和地区政府意识到数字内容产业占据着价值链的高端，开始着手把发展内容产业作为提升产业结构、提高国际综合竞争力的主要手段，并制

定了一系列相关发展战略。

一、产业发展的突破：打破竖井促进媒体融合

从我国对新闻出版业实行的行政许可制度来看，管理幅度是以传统出版业为边界的，目前行之有效的管理办法还无法覆盖以数字技术为基础的新兴出版领域。从文化产业的角度而言，数字内容产品具有双重属性，即具有一般物质产品的普遍性和不同于物质产品的特殊性。因此，在管理模式上也具有了文化产业的一些特点，即"必须通过一定的微观管理及微观管理与宏观调控相结合的手段，通过对我国的文化产业进行指导和适当的指令，以达到既把握文化产业的政治方向，又实现文化经济与国民经济相适应，实现国民经济的总量平衡。"因此，可以统筹规划以实施政府对出版业的整体管理。

第一，打破"竖井"，建立开放的管理制度。

"竖井"理论由美国联邦通讯委员会政策与规划办公室主任罗伯特·佩波提出。他认为，"'竖井'是把各个行业分开管理的，每个'竖井'的顾客是不同的。顾客总认为有线和无线、电视和电话都不是一回事，可是现在发生了变化。"如今，数字化和数字技术导致了融合，内容产业摆脱了媒介附属的地位而逐步独立出来，成为与渠道产业并重的产业，传统行业相互之间、同一行业不同领域间的割据局面被打破，"竖井"出现了倾斜的趋势，界限日趋模糊。"竖井"式分行业而治的传统管理方式面临巨大挑战。

"竖井"理论对我国数字内容管理具有很大的启发意义。纵览目前各级政府出台的有关数字内容产业发展的政策和规范，信息产业部强调数字内容技术体系与平台发展，新闻出版总署强调数字内容产品版权保护和内容审查，广播电视总局则将眼光放在了动画等细分产业……每个部门分头管理一块，这样的多头管理与当前新媒体融合的趋势是背道而驰的。技术的发展带来了融合，既推动了出版行业进入其他领域，也促使其他行业要求进入内容领域。因此，面对"竖井"倾斜之势，需要在各个环节加强横向联系，逐步将"竖井"打通，在更高层面上建立开放的管理制度。

第二，加快出版业信息化建设和标准化体系建设。

标准的一致性能够为数字出版产业的参与者提供一个统一的经营规则，进一步保证合理、公平的竞争，从而形成平等的交易模式。为了应对这种趋势，首先，需要加快出版行政机关信息化建设，提高公共服务水平和监管能力。通过建立出

版物内容监管平台,实现对传统内容和数字化内容的动态监管。其次,加强出版标准化体系建设。逐步完成出版标准化体系表的编制工作,完成新闻出版元数据标准、出版物发行标准体系、新闻出版信息化标准体系等标准的制定,研究、制定网络出版、数字出版等前沿标准,促进新闻出版的现代化。在此基础上,还要加强各类标准的贯彻执行,加大监督管理的力度,积极推进产品质量、环境保护等各类认证工作。通过出版物元数据和信息交换格式标准化,建设行业基础数据库和国家新闻出版数据交换平台,实现资源共享和利用。

第三,解决资质认证和行业准入问题,将新出版主体纳入统筹管理。

现在的数字出版产业实际上突破了很多领域的界限,融合了通信、网络、娱乐、传媒以及文化艺术。大批传统内容行业之外的内容出版商转型为内容提供商,这里面不仅包含目前市场反映如火如荼的无限增值业务提供商等,也包括一些具有巨大商业价值前景的公共领域信息提供者等(如图书馆);个人作为独立的内容提供者,即将成为跨行业、跨媒体的内容创造力量,并将通过全新的"产消合一"方式在数字内容生产和消费领域掀起一场革新狂潮……这一切表明,"当投身数字内容产业的市场主体构成变得日益复杂时,资质认证和行业准入的问题自然就变得相当重要。"实际上,就出版业本身的发展规律而言,政府许可仅是在一定历史时期的环境因素,以纸质为主要物质载体的图书与以数字技术、网络平台为载体的电子书都具备了出版业的基本功能,尽管目前的政府许可制度虽还不能完全覆盖电子书、电子报等新媒体,但政府部门应将新媒体出版主体纳入出版业的组成部分进行统筹规划,实施市场监管。

第四,实施重大数字出版工程,引导整合产业资源。

在传统出版业坚守纸质出版阵地、新型数字出版不断渗透、出版主体日益多样化的情况下,政府具备担任整合现在出版资源的责任。除了在国家力量支配下整合挖掘出版资源、推动重大出版工程、完成诸如巨大的古籍整理任务外,同样可以以有特色的行政力量来完成产业资源整合。新媒体从诞生之初就在研究如何发挥技术优势吸引更多的传统媒体提供内容;市场压力迫使传统媒体更新思想,不断追赶新媒体的脚步,开始研究如何运用新技术来丰富自己的传播形式以满足人们越来越挑剔的消费诉求。拥有强大内容生产能力的传统媒体一旦思想转型成功,必然能够迅速扭转目前在竞争中的不利局面,而传统媒体和新媒体通过技术能够相互融合渗透,内容产业发展的最终结果就是传统媒体平台与新媒体平台的完全融合、互动，产生更为可观的价值和更长的产业价值链。

总之，数字内容产业是一个以创意为核心、以数字化为主要表现形式的新型产业集群，是新技术、新媒体推动生产力发展和生产方式转变的必然结果。对于传统出版而言，优化产业结构并积极向数字出版产业转型，其实质就是拉长了产业的价值链，有利于出版产业在数字内容产业中占据主导地位。

二、管理模式的创新：宏观调控与微观管理相结合

从技术创新理论来看，静态均衡经济和循环经济的打破、发展，首先不能忽视政府在技术创新中所起的作用，这一作用表现在：①制定有关法律和条例，提供企业组织创新和参与创新竞争的社会规则。②政府直接进行技术投资，以促进和鼓励企业创新。③通过税收、信贷、补贴等杠杆，引导和鼓励企业技术创新。与新兴的出版主体快速发展相比，我国行业管理表现出明显的不适应，体现在以下几个方面：在市场准入上，目前还没有形成有效的准入管理制度；在内容的编辑把关上，内容管理十分薄弱；在版权保护制度上，盗版侵权状况比较严重；在出版体制结构上，改制缓慢制约新型市场主体培育；在政府行业管理上，新技术的发展速度不断挑战政府的行政效率。尽管已经出台了一些互联网新闻、出版、版权管理办法，但是"在新媒体管理的政策法规制定方面，还有大量的工作需要做，急需建立一套与之相适应的法规体系。"

第一，优化产业组织结构，构建跨媒体出版的强壮微观主体。

目前，出版产业组织结构，产业集中度偏低，生产能力分散，同时出版业所有制结构单一。近些年出版集团改革在深入发展、产权明晰的基础上，面对新技术、新媒体具有的集约性资源整合能力，进一步推动集团化战略向纵深发展。首先，推进出版集团实现现有各类资源的有效组合和有效配置，实现集约化经营；其次，有选择地促进以出版集团为主体的与新出版主体的业务整合，拓展出版集团的跨媒体生产经营能力；第三，有选择地推进内容产业中的各领域媒体集团的融合，构建以出版集团为主体的跨媒体出版的强壮微观主体。同时，鼓励在专业出版领域中有优势的出版社做"专而强"的微观竞争主体，构建一批跨地区、跨媒体，在专业出版、教育出版领域有竞争力的内容服务性出版企业。

考虑到现有出版社在资产规模、出版类型以及人才上的差异化，不同的出版社对于新技术、新媒体的认识及能够采取的行动能力亦有相当差异，所以传统出版企业与现有网站技术平台形成战略联盟才是最集约、运营效率相对较高的方式。

当前传统出版业与数字出版商建立战略联盟是更为现实的选择。比如，可以促成"传统出版社－数字出版商"的战略联盟，使内容资源得到复合性使用，在这种复合性使用过程中形成不断增值的产品链。

第二，优化出版产品结构，促进出版内容创新。

新技术的发展为服务对象提供了一个更为强大的传输平台。随着传输平台规模的扩大，内容开始成为稀缺产品。过于单一的产品结构已经不能适应数字化技术的发展和媒体大融合的市场格局。从长远的生存需要出发，出版社必须加强互联网出版内容建设，着手产品的结构性再造，注重内容创意、载体形式、传播方式等方面的创新。首先，要充分发挥新技术的优势，下功夫开发弘扬中华民族优秀文化，有助于世界了解中国的优秀作品，推动中国出版走向世界。其次，要鼓励开展基于各种网络的出版、发行活动，支持以科技开发为主的自主创新，鼓励、扶持以互联网、移动通信网和数字电视网为主要载体的图书、报纸、期刊、数据库、新闻、游戏、动漫、音乐以及电子书等各种数字产品的开发、制作、出版和销售，推动传统出版产品的结构升级。另外，通过调整出版产品结构，重点发展高科技含量、高知识含量的新型出版产品。通过一批重点网络出版工程，包括各种出版资源数据库建设，促进网络出版繁荣发展。

第三，优化资本结构，运用税收及金融政策支持出版业运用新媒体。

网络融合是一场深刻的商业模式和产业的变革，市场出现交叉调整的同时更加细分，行业界限在被打破的同时又被重新分割。中外经验表明，集团性大型企业具有运用新技术、新媒体的优势。因此，出版业亟需进一步明晰产权结构。在发行、印刷、广告和版权中介服务等领域，允许多种经济成分进入，鼓励和引导国有资本、社会资本和境外资本参与投资、公平竞争，形成以国有资本为主导，多种资本共同参与的格局。借鉴国外出版业的资本融合和兼并的策略，根据技术发展动态，有意识地扩大视野，购并一些高科技的信息服务公司和软件公司，甚至数据库公司，以此缩短运用新媒体和新技术的时间。

第四，加强出版人才建设，加大人力资源整合力度。

互联网出版的核心竞争力是应用技术能力与管理能力。传统出版业对人才的重视更偏向于专业知识以及文字能力，但是在新技术、新媒体环境下，还须拥有网络技术应用能力、网络管理能力以及对网络后续服务的管理能力等。因此，需要实施人才兴业、人才强业战略。通过建立行业人才信息库，建立数字人才培养基地，加强出版学科建设和专业理论研究。同时，要加大人力资源整合力度，以骨干项目和品牌产品为中心集聚人才，以培养职业经理人市场为重点，促进人才合理流动。

三、管理手段的创新：法律、政策与技术手段相结合

数字技术对内容的集约、整合、复制等能力控制和把握不当，极易转变为不法之徒对知识产权侵蚀的工具，这已经成为数字出版的发展瓶颈之一。因此，除了使用法律和政策方面的手段，还要加强技术方面的管制，以提高知识经济时代国家的核心竞争能力。

第一，保护信息网络传播权，完善与数字出版有关的法律法规。数字版权保护薄弱是出版社进入数字出版领域的根本障碍。电子书盗版在技术上变得极其容易，使网络出版的版权控制更加困难。政府除了对著作权人出版人的利益进行法律保护以外，还应该在隐私权保护、网络出版行业自律规范、网络出版交易法案等方面借鉴国外相对成熟的做法，同时兼顾中国网络出版行业的现状或对原有法规进行修订，或者重新起草、颁布相关法规。当前最紧迫的任务是要对网络著作权的保护方面法规进行研究和完善。

第二，实施著作权的集体管理。成立以数字出版为核心的著作权集体管理组织，解决网络出版物的版权使用问题将成为改善产业生存环境，促进产业价值链有机整合方面的有益探索。出版社和著作权人向著作权集体管理组织授权，由著作权集体管理组织来管理网络出版的著作权使用。《著作权法》中已经明确对"著作权集体管理组织"的性质和作用做了界定，即著作权集体管理组织是非盈利性组织，可以由著作权人和与著作权有关的权利人授权，行使著作权或者与著作权有关的权利。网络出版单位只要向著作权集体管理组织支付其代理著作的版权等相关费用，就可以出版该著作。著作权人和出版社的版权收益通过著作权集体管理组织结算，网络出版单位使用著作权时无需与著作权人、出版社进行协商。这将大大简化网络出版单位合法使用著作权的程序，降低使用成本。

第三，推行数字版权自愿登记制度，建设网络出版监管系统。互联网的广泛应用和普及对版权保护工作提出了新的挑战，原有适用于传统出版物版权保护的方法已难于保护数字版权，迫切需要采用数字版权管理（DRM）等现代科技手段和方法建立版权管理系统，对数字作品的身份认证、内容保护、交易监督等进行有效管理。我国可以借鉴国外数字版权登记的经验，制定鼓励开展数字版权自

愿登记的政策，积极推行数字版权自愿登记制度。为协调、有效地开展数字版权登记工作，可以在全国建立集中统一的数字版权登记、公示工作机构，在整合现有技术、管理等资源的基础上，搭建可以满足各类数字作品版权登记需要的资源管理（包括元数据管理、目录管理、内容管理等）平台，开展数字作品版权的统一登记、编码、存档、公示、名称解析、定位服务、内容保护、交易管理等。同时，通过建设网络出版监管系统，对监管方式进行改革，融管理于服务之中，积极推行数字版权管理（DRM）技术，以数字版权自愿登记为切入点，建立符合互联网运行规律的管理和监督体系。

总之，在管理上，要适应新技术、新媒体的发展趋势，改进管理方式，消除管理空白。通过政府管理，一方面给发展新媒体创造健康有序的市场条件和竞争环境；另一方面能够有效维护文化与意识形态安全。当然，除了宏观层面的培育和扶持，还应尽快促使出版单位从制造业的生产模式上转变到现代内容产业的生产经营模式上来，通过创新来寻求形式的突破和经营思路的革新。

第三章 新媒体背景下编辑出版工作的流程

第一节 新媒体信息采集与整理

一、新媒体信息搜索

伴随人工智能、虚拟现实（Virtual Reality，VR）、增强现实（Augmented Reality，AR）、网络等技术的持续进步，新媒体领域呈现出的互动性、实时性和开放性越来越受到网民的青睐，同时也使新媒体信息资源类型越来越多样化。新媒体编辑要从庞杂的稿源中选出既适合新媒体平台风格又迎合用户需求的信息资源，就必须对每类信息都有清晰的认识。

迄今为止，对于新媒体信息资源尚没有统一的定义，新媒体信息资源可以理解为放置在新媒体平台上并可以传递的各种信息资源的总和。

（一）新媒体信息资源分类

新媒体是一个宽泛的概念，它是利用数字技术和网络技术，通过互联网、宽带局域网、无线通信网、卫星等渠道，以及电脑、手机、数字电视机等终端，向用户提供信息和娱乐服务的传播形态，也可以称为"数字化新媒体"。

新媒体平台的信息资源内容丰富，包罗万象，其内容涉及时政、财经、军事、文化、历史、科技、数码、育儿、教育、生活、美食、情感、旅行等几乎所有领域。为了便于网民更好地认识、搜索、筛选、管理和使用新媒体平台信息资源，可以从以下几个角度对新媒体信息资源进行分类。

1. 按照新媒体信息资源的存在形式分类

按照存在形式分类，新媒体信息资源可分为文字信息、图片信息、图表信息、动画信息、音频信息和视频信息等类型。

（1）文字信息。文字信息在新媒体信息中所占的比例最大。文字信息以其表达准确全面、占用空间小、便于管理等优势处于非常重要的地位。

（2）图片信息。图片信息是新媒体信息中必不可少的一种信息形式。图片以其美观、易读、视觉冲击力强等优点越来越受到用户的喜爱。纯文字的页面在新媒体上已经失去了优势，而将文字信息与图片信息结合起来的图文消息越来越受用户追捧。

（3）图表信息。图表可以将枯燥的数字具体化和形象化。如果稿件是针对某一主题进行的数据分析，或者是行业发展报告，或者是简单地对一组数据进行整理、对比等，那么使用图表是最合适的。图表也有很多种，如柱形图、饼形图等。

（4）动画信息。动画是对静态图片的延伸。动画的发展丰富了新媒体信息的形式，增加了信息沟通的趣味性。动态的表情包可以打破尴尬的气氛，开启全新的话题，让沟通方式更有趣。

（5）音频信息。音频信息可以对文字信息进行有力的补充，增强了现场感。同时，数字化技术使音频（数字音频）在编辑、合成、效果处理、存储、传输等方面较传统的模拟音频信号具有更大的优势。

（6）视频信息。视频信息兼具图片信息、动画信息和音频信息的优点，是新媒体必不可少的信息形式。越来越多的企业选择用视频素材投放信息流广告，得益于视频素材更直观、更形象的展现形式，这类广告通常能直击用户痛点，唤醒情感共鸣，实现广告投放高转化。

2. 按信息资源的内容和功能属性分类

按照内容和功能属性分类，新媒体信息资源可分为新闻、学术、娱乐、教育、科技、财经、体育、游戏、法律、育儿等信息，这些信息相互交叉，每类信息又可以划分为不同的小类。按照内容进行分类是新媒体平台栏目/频道常用的分类方法，这种分类方法便于对信息资源进行归类、整理。

（1）今日头条。按内容和功能属性对信息资源进行分类，具体包括新闻、社会、娱乐、电影、科技、数码、汽车、体育、财经、军事、国际、时尚、奇葩、游戏、旅游、育儿、瘦身、养生、美食、历史、探索、故事、美文、情感、健康、家居、房产、搞笑、星座、文化、宠物、法制、职场、漫画、科学、设计、摄影、收藏、心理等领域。

（2）喜马拉雅。按内容和功能属性对信息资源进行分类，具体包括有声小说、新闻谈话、综艺节目、相声评书小品、音乐节目、教育培训、财经证券、儿童故事、笑话大全、健康养生、个性电台等类型。

（3）抖音短视频。按内容和功能属性对信息资源进行分类，具体包括商品导购类、知识传播类、娱乐搞笑类、音乐表演类、记录生活类、科技类、政府和企业官方账号类、游戏类、二次加工类这九大领域。

（二）建立信息搜索关键词

如今信息量高速增长，信息的种类和来源多种多样，信息的更新速度日渐加快。一刷微博，我们就进入了无数信息和主题词的世界，从一个消息到另一个消息，时间就这样被消耗了。人们常说"抖音有毒"，但还是15秒，又15秒，再15秒地循环着、默默地刷着，不知不觉看了几个小时。

1. 建立搜索关键词的优点

如果我们不设立一些主题，很容易陷入信息的汪洋中，因此建立搜索关键词有以下几个优点：

（1）建立方向提醒：时刻明白对自己真正有价值的是什么，主动保持该类信息的更新；而那些无关紧要的，则可以少看或者不看。

（2）主动获取信息：使用各种订阅、集成工具，用关键词订阅，让信息主动找我们。

（3）减少无聊时间：无所事事比忙碌更让人疲惫，若找不到想干的事，最起码可以搜索关键词，找些好玩的文章或动态。

2. 用脑图绘制搜索关键词

虽然靠大脑就可以形成自己的关键词，但工具可以帮助我们加深记忆，比如可用mindmanager思维导图、百度脑图等工具做图，贴于自己的书桌或办公桌前。

关键词建立好之后，并不是一成不变的，需要定期结合自己的工作进行评估及更新。

（三）新媒体信息搜索途径

在"内容为王"的时代，只有提供优质的原创、深度和独家的内容，才能持续获得高价值的粉丝。那如何快速搜索深度的新媒体信息呢？

1. 搜索信息

不同类型的信息，应该去不同的网站搜索，因为垂直类网站最大的特色就是专业。每个行业都有很多垂直类网站，内容相对专业，且更符合平台内容定位。比如，找基础类信息，百度百科是首选；找电影评论类信息，豆瓣、知乎是首选。

通过百度、微信、知乎、微博、豆瓣、天涯、猫扑等渠道，可以快速找到沉淀在新媒体上的各种信息。

（1）百度搜索。在百度找信息，需要耗费很长时间筛选信息、判断信息。一般来说，输入的关键词越短，信息越多，越不精准；输入的关键词越长，信息越少，越精准。

比如想找"运营总监的工作职责"，输入"运营"，很难获得精准信息；输入"运营总监的工作职责"，得到的就是相对精准的信息。当然，我们还可以借助搜索引擎的"检索表达式"来获得更精准的搜索信息。在百度图片、百度百科和百度文库等渠道找信息，都可使用这些方法。

（2）微信搜索。微信的搜索优势是内容质量高，优质信息量大，链接全网。微信体系内搜索渠道包括朋友圈、公众号、全网资讯、微信群等。

公众号是目前商业价值最高的内容平台之一。大家都想通过高质量的内容聚集优质粉丝，以实现商业诉求，而且每个领域的公众号竞争都很激烈，这就倒逼大家在公众号上投入更多精力、生产更优质的内容。微信搜索的具体方法是：在微信的"搜一搜"或者顶部搜索框里输入关键词搜索。由于公众号的内容生产成本较高，所以搜索到的文章质量相对较高。

当然，我们也可以通过"搜狗微信搜索"（https://weixin.sogou.com/）查找所有公众号及其历年的推文。

（3）知乎搜索。在知乎的搜索框里输入关键词按回车键，可以搜到与该关键词相关的用户、话题、专栏、Live、严选专栏、电子书等内容。

由于知乎独特的算法机制，搜索结果里越靠前的信息质量越高，也越精准。

（4）微博搜索。最新的事件通常都会先在微博发酵，比如"某某地区地震了"；同一事件在微博上的传播速度比在微信上快很多，最新的热点事件都能在微博里找到相关信息。

微博是一个诞生段子金句的地方，可将这些素材搜集起来作为文章的亮点材料。微博评论区也是一个素材金矿，尤其是点赞前排，很多网友的评论都可作为增加用户共鸣的素材。

（5）豆瓣搜索。作为和知乎齐名的第一梯队社区，豆瓣提供了图书、电影、音乐唱片的推荐、评论和价格比较的功能。比如"电影截屏"小组，专注于分享国内外电影中的经典片段，全世界将近10万用户在这里聚集。

（6）天涯、猫扑搜索。作为两个老牌的 BBS 社区，天涯偏故事，猫扑偏娱乐。无数微信 10 万＋爆文都是源自这两个社区，这里"神贴"众多，干货、秘史应有尽有，是取材的好地方。

但由于 BBS 逐渐被淘汰，用户增长乏力，内容更新缓慢，近年来没什么"神贴"出现，过去的"神贴"又过时了，所以查找较早之前的信息时，可以上天涯和猫扑搜索。

2. 企业信息搜索

想知道某个公司的公开信息，如创始人、地址、投资方、股权分配等，想知道某个公司的融资阶段、融资额度，想知道有哪些创业公司、创业项目都可以到以下网站进行搜索。

（1）天眼查。天眼查为用户提供搜索查询功能，主要可查询到以下信息：工商信息、涉诉信息、商标专利、失信信息、企业变更信息、企业年报以及企业关联关系等。

（2）新芽。在新芽（https：//www.newseed.cn/）可以找到各行各业的创业者、投资者、投资基金等公开信息。从投资方到受资方，任何一方的信息都很具体，还有对于新锐创业项目和新兴趋势的相关报道。

3. 文件资料

想找到免费的知识类资料、工作类资料，如 DOC、PDF、PPT 等格式的相关资料，可上新浪爱问共享资料平台，其内容丰富全面，主要是知识类资料，绝大部分资料完全免费，且下载方便。

4. 民生数据信息

想查找国民经济核算、人口数量、各地区工业增加值增长速度、固定资产投资、居民消费价格指数等各专业领域的详细数据，可以在"国家数据"网站（http：//data.stats.gov.cn/index.htm）上查询。

"国家数据"是由中华人民共和国国家统计局创建的涵盖各专业领域主要指标数据的综合数据库，主要提供"报表式"快速查询、数据下载、精准化"查数"、"可视化"图表体验、发布日程提醒"小管家"等功能。

比如，点击网站导航里的"年度数据"，就可以搜索历年的人口数量、国民总收入、国内生产总值等详细数据。

5. 热点趋势搜索

（1）百度搜索风云榜（http://top.baidu.com/）。百度搜索风云榜是一个以广大网民每日搜索行为为数据基础，以关键词为统计对象，以榜单形式为用户呈现相关统计信息的权威网站。它的线上覆盖面较广，信息价值较高，能够全方位客观地反映众多网民的需求，被称为"新时代的网络风向标"。

（2）新榜（http://www.newrank.cn/）。新榜以日、周、月、年为周期，按23大类权威发布以微信为代表的中国各自媒体平台真实、有价值的运营榜单，方便用户了解新媒体整体发展情况，为用户提供有效的参考。

（3）百度指数（http://index.baidu.com/）。百度旗下的免费海量数据分析服务，可反映不同关键词在过去一段时间里的用户关注度和媒体关注度。百度指数反馈面广，覆盖时间长，功能丰富，可基于地域分布、人群属性、兴趣分布对访问关键词用户进行人群特征分析。

（4）微指数。微指数基于微博海量用户行为数据、博文数据统计得出反映不同事件领域发展状况的指数趋势，旨在帮助用户了解其关注事件在微博的发展趋势。用户搜索的关键词必须收录在微博热词库才能查询到相关结果，微博用户登录后，可在微指数页面手动添加关键词。

（5）微信指数。在微信顶部搜索框内输入"微信指数"，即可打开微信指数。立足于微信生态，依托海量用户数据，微信指数具有天生优势。目前仅支持呈现某关键词在7日、30日、90日内的热度变化趋势和最新指数动态。虽然能一定程度上反映微信用户对某一事物的关注度，但有一定滞后性。

（6）搜狗指数（http://zhishu.sogou.com/）。作为一个指数平台，搜狗指数可反映全网热门事件、品牌、人物等一系列查询词的搜索热度和微信热度变化趋势，是当前最新热点的关注"晴雨表"。

关键词质量越高、越精准，通过搜索方式获得的信息越有价值。因为一个人获得信息的深度是由这个人提炼的关键词所决定的。

（四）新媒体信息存储平台

1. 一键收藏平台

我们平时在网页、微信、头条号等刷到的好文，除了放进收藏夹，还可以一键收藏到有道云笔记、印象笔记、收趣等平台上保存。

（1）有道云笔记可收藏互联网超过90%的内容。在"微信""微博""知乎"

等 App 上看到的好内容，可以一键发送到有道云笔记保存；其他内容，复制链接后打开《有道云笔记》App，即可保存链接中的图文内容。手机端和电脑端可以同时使用，随时传输、查看、编辑、分类整理。

（2）印象笔记可一键收藏各类网页图文，自动识别网页正文，智能去广告，永久保存，并随时随地查看和编辑。

（3）收趣是一款稍后阅读＋分类收藏"神器"，可以收集我们感兴趣的一切。收趣具有以下特点：统一排版，离线阅读；就算原文被删，仍可在收趣上看到；语音朗读，解放双眼。

2. 文字扫描平台

如果是在纸质读物上看到好内容，就可以选择文字扫描类 App，如"萝卜书摘""讯飞语记""有道云笔记"等进行扫描保存。我们主要介绍口碑不错的"萝卜书摘"平台。

萝卜书摘：用移动选取框一次到位地选中图片中需要识别的内容，待所选内容转换为文字文本后，可手动删除不需要的文字。在笔记编辑区，有文字模板可选。套用不同模板可让笔记看起来更有范儿。进入个人主页后可以看到所有书摘，点击可查看笔记详情，选中同一本书的笔记可以统一分享导出，现在支持导出至印象笔记及 OneNote。

3. 便签记录平台

我们一天中可能会产生很多想法或者看到很多零碎的信息，这时候选择用便签及时记录下来是明智的选择。下面主要介绍锤子便签和幕布两个便签记录平台。

（1）锤子便签。锤子便签具有以下特色：雅致的信纸，精心调整的文字排版，令文字更加赏心悦目；可以随时随地将便签内容生成精美的长微博并分享。

（2）幕布。作为高效的结构化笔记平台，幕布是通过大纲来组织内容的，无论是读书笔记、活动策划、会议记录还是待办清单，幕布都能完美胜任。在幕布中，大纲笔记与思维导图可以一键转换；可以将文档一键发布到微信、QQ、微博，也可通过链接将文档分享给任何人。

二、新媒体信息筛选

有两句很有意思的话：

（1）现在每 48 小时所产生的数据量，相当于从人类文明开始到 2003 年累计的数据总量。

（2）当今世界 90% 的数据是在近两年内产生的。

第一句话来自 IDC（国际数据公司）的研究，第二句来自 IBM 的研究。它们或许不那么准确，但的确说出了一个事实：我们已经从一个信息匮乏的时代，走到了一个信息过剩的时代。

新媒体信息筛选是指对大量的原始信息及经过加工的信息材料进行筛选和判别，从而有效地排除不需要的信息，挑选出适合在新媒体平台上传播且能满足受众需求的信息。

（一）新媒体信息筛选原则

网络是个高度自由的领域，网络资源又没有统一的命名规则，因而给网络资源的识别、组织和整理带来了一定的难度和不便。同时新媒体信息资源的来源是多元化的，信息质量也各有高低，因此，在选择新媒体信息资源时应遵循以下原则。

（1）计划性原则。对新媒体信息资源的选择要统筹兼顾，制定长远目标和近期计划，不能一味地跟着流行的话题。只有进行科学的统筹、管理和规划，才能建立起高效而丰富的新媒体信息资源库。

（2）针对性原则。新媒体信息资源的选择需要根据新媒体平台的传播目的及用户的需求进行。信息内容要适应用户需求，在主题的切入角度、内容的组织筛选方面要有的放矢。

（3）科学性原则。新媒体信息资源的选择要采用科学的方法，利用现代科学技术手段，筛选出质量高的网络资源。

（4）连续性原则。要注意维护已有资源，还要不断增加新的资源。必须有目的地跟踪新媒体信息的出版发布情况，不断提出调研结果报告，为新媒体信息资源的选择提供指导性意见。

（5）预见性原则。进行新媒体信息资源选择时要注意用户潜在的、未来的信息需求。

（二）新媒体信息价值判断标准

由于互联网的开放性，任何一个拥有计算机并能连接到互联网上的人都可以建立网站并在上面发布信息，这使信息的价值判断变得很困难。一般来说，新媒体信息价值的判断主要包括信息的真实性判断、权威性判断、时效性判断、趣味性判断、实用性判断和覆盖性判断。

1. 信息的真实性判断

信息的真实性是指信息中涉及的事物是客观存在的，同时信息的各个要素都是真实的。在网络中，不真实信息的传播速度可能更快，这可能会带来严重的后果。

判断信息的真实性需要注意以下几个方面。

（1）查看信息来源。对于来历不明的信息，无论多么重要，也不能轻易使用。如果信息具有传播价值，就应该首先查明来源，并通过对信息提供者的身份、背景等因素的考察，判断信息是否具有真实性。

（2）判断信息要素。判断信息要素是否齐全，如事件发生的时间、地点、人物、原因、过程等。具备这些要素不仅能让读者获得必要的信息量，同时这些要素也是用来与事实进行核对的关键。

（3）判断信息的准确性。信息的准确性包括文字和语言表述准确，能客观、准确地反映事实本身。如今网络中大多数信息还是文字信息，文字表述的准确与否，在很大程度上影响着人们对信息的理解和交流，只有客观、准确的文字才能客观、准确地反映事实。

2. 信息的权威性判断

在浩瀚的新媒体信息海洋中，对于同一个问题，从不同来源获得的信息有时会大相径庭，甚至相互矛盾。这使得人们无所适从，不知道应该相信哪条信息。

保证信息的权威性是保证信息质量的一个重要方面，也是逐步提高新媒体账号知名度与影响力的一个重要方面。

判断信息的权威性需要注意以下几个方面。

（1）查看信息来源是否具有权威性，考察网页主办者的声誉、网站及其建站机构的权威性与知名度。

一般来说，权威机构或者知名机构发布的信息在质量上比较可靠，尤其是政府机构、著名研究机构或大学发布的文献信息可信度比较高。

（2）查看网络文献的作者的个人情况，如作者的声誉与知名度，作者的 E-mail 地址、电话等。通常某领域的著名专家、学者或者社会知名人士发布的文献信息可信度更高，更能赢得用户的信任。

（3）对于一些涉及重大问题的研究成果，还要同时考察其研究方法是否科学，研究是否具有代表性、普遍性等，并以此判断研究结论是否具有权威性。

3. 信息的时效性判断

信息的时效性是指信息的新旧程度，即信息与社会现实、科技前沿的接近程度。在信息社会，由于信息量大，信息更新速度加快，所以信息的时效性逐渐成为人们获取信息时关心的主要问题之一，尤其在新闻和商业活动中，拥有了最新的信息在某种程度上就意味着拥有了成功的资本。

信息时效性的重要性主要表现在它是各种网站之间进行竞争、吸引用户的一个主要手段。如果信息的时效性不强，那么对用户来说信息的可使用性就较差。此外，由于时过境迁，一些信息要素在经过一段时间后会发生变化，所以有些陈旧信息的准确性也会受到影响。

在信息时效性的判断方面要注意以下几种不同的情况：

（1）信息中涉及的事件本身的发生或变动是突发性的或者跃进性的，对于这类事件，在第一时间里做的报道，就具有很强的时效性。

（2）事件本身的变化是渐进的，即表现为一个过程，如一个活动的开展。一种现象的发展等。对于这类事件，时效性似乎不突出。但如果能想办法在事件变动中找到一个最新、最近的时间点，就可以增强时效性。

（3）有些信息所涉及的事件虽然是过去发生的，但最近才发现或披露出来。对于这类信息，可以通过使用添加"由头"的办法来弥补时效性方面的不足，即说明自己得到信息的最新时间、来源。

4. 信息的趣味性判断

是否具有趣味性也是判断新媒体信息价值的一个方面。当然，趣味性不是信息价值的一个必要方面。

信息的趣味性可以表现为以下两种情况。

（1）信息本身内容轻松有趣，能让人读后心情愉快。按照一般心理，人们喜欢轻松幽默的文字、逸闻趣事，或有关动物、自然的话题。

（2）趣味性也可表现为它能唤起人们的情感，如喜悦、同情等各种情感。这也被称为信息的人情味。

但是，在提供有关逸闻趣事的报道时，应该注意它们是否符合科学原理，不能仅凭道听途说，传播一些没有根据的小道消息。

另外，重视信息的趣味性，还要防止将趣味性与庸俗性画等号。因为网络是一个相对自由的空间，目前网络中庸俗信息泛滥的情况的确存在，因此重视信的趣味性，而又不将趣味性当作庸俗来理解，才能提供真正能引发人们轻松情绪、唤起人们美好情感的信息。

5. 信息的实用性判断

新媒体信息的实用性是新媒体平台服务质量的一个重要体现，也是吸引用户访问并阅读的一个重要条件。实用性信息就是那些能够为用户的工作、学习、生活带来便利的信息，这些信息可能带来投资建议，可能讲解健康知识，可能提供学习资料等，具有实用性。

实用性具体表现在介绍知识、提供资料、直接服务等方面。新媒体平台上的实用性信息越来越多，如招聘信息可以为求职者带来就业信息；房产信息可以为人们购房、卖房、租房提供指导；二手车信息可以为人们提供车辆买卖信息；促销信息可以为人们提供产品价值信息等。

判断信息的实用性需要注意以下几个方面。

（1）判断信息的实用性要看信息对用户是否具有用处及用处有多大。

（2）信息的实用性要求信息是可用的，要求信息的内容是真实的、权威的。

（3）实用信息有时也是一种动态信息，如投资理财信息，因此也要注意时效性。

（4）信息的实用性也体现在个性化服务方面。

6. 信息的覆盖性判断

新媒体信息资源所涵盖的范围是否广泛，是否针对相关领域或专业；本栏目编辑的目的是什么、有何针对性、是否面向特定方向的用户；所提供的信息的广度、深度如何；包括了哪些新媒体信息资源类型；等等。这些都可作为用户评价新媒体信息覆盖性的标准。

（三）新媒体信息筛选的基本方法

筛选信息的方法通常有查重法、时序法、类比法、专家评估法等。

（1）查重法。查重法是筛选信息资料最简便的方法，目的是剔除重复的、选出有用的信息资料。

（2）时序法。时序法即逐一分析按时间顺序排列的信息资料，在同一时期内，保留较新的，舍弃较旧的，这样可使信息资料更有时效性。

（3）类比法。类比法是将信息资料按地区、产品层次分类对比，接近实质的保留，否则舍弃。这种方法需要信息资料收集人员有比较扎实的专业知识，即在自己所熟悉的业务范围内，仅凭市场信息资料的题录就可以决定取舍。

（4）专家评估法。针对难以取舍、专业性强、技术难度大的信息，需要向专家求证，请专家进行评估，以便确定去留。

三、新媒体信息整理

我们并不是在撰写文章时才开始找材料，而是在日常生活和工作中有目的地浏览相关内容，及时进行素材积累只有这样，写作时才能信手拈来。在新媒体写作过程中的素材积累，就是在联机学习。我们没必要把每个故事、每条金句、每个案例都记在大脑中，只需要做好素材库并做好索引，在需要的时候第一时间能找到就足够了。

（一）新媒体信息整理方法

可以将新媒体素材信息分成两大类来整理：体系化素材信息和碎片化素材信息。我们可以在有道云笔记、印象笔记中提前设计好目录（建立好文件夹），以后无论什么样的素材，直接保存即可。

1. 体系化素材信息

我们需要整理的第一大类素材目录是体系化素材目录，也就是根据我们的编辑、运营经验，去体系化地整理素材库（笔记本）。

整理体系化素材，要向着"整理成一本书"的目标去完善自己的素材库，文件夹就是书籍目录。

2. 碎片化素材信息

我们要整理的第二类素材目录是碎片化素材目录。这些目录具体包括：

（1）"鸡汤"：听过的脱俗的"心灵鸡汤"，记下来备用；

（2）金句：大咖说过的醍醐灌顶的句子，保存下来；

（3）故事：和你行业相关的或者有趣的故事，记录下来；

（4）图片：微博或朋友圈的好图，下载下来并存到素材库备用；

（5）视频：视频一般不方便下载保存，可以直接复制链接到素材库。

每个人的素材库都不相同，而我们要做的素材库就是自己能用得上的。千万不要整理四五十个文件夹，看起来让自己很感动，但实际上根本用不上。

（二）新媒体信息集成归档

1. 新媒体信息的集成

一方面，我们习惯将搜索到的有价值的文档、网页、图片存储在自己的电脑里，但是这些资料一旦存到硬盘里，却常常如石沉大海，下次有需要时还得求助于搜索引擎。另一方面，电脑文件夹却又日渐庞大，要经常删除文档以腾挪出空间。此外，在不同的电脑上使用时，还要借助移动硬盘或优盘，导致一份文件居然在多处备份。

为了满足多个客户端同步存储的需求，在这里推荐一款小应用——印象笔记，印象笔记的特点如下。

（1）调用方便：不用像使用网盘那样需要先将文件保存下来再上传，随时能够调取使用，不用中断当前工作。比如在一个任务进程中，遇到一篇不错的文档，想归档以后阅读，只需要点击一下印象笔记的浏览器插件图标，就可以将文档集成到自己的主题分类里，如预设好的"待读"文件夹里，而继续执行当前任务。

（2）高效检索：能够对所集成的文档加标签、关键词，甚至能够全文检索。

（3）云端、客户端同步。

2．建立信息归档文件夹

信息集成之后，若没有定期的整理，时间长了这些信息难免会趋于杂乱。"整理"一词包含了"检查并调整归类""删除不需要的文档""添加便于搜索的标签或关键词"等工作。

建立了主题关键词后，我们要对不同关键词的信息进行归类，用不同的名称将不同的文档、图片等予以归类。比如，在数字前加字母"A""B""C"可帮助我们形成两级排序；同时，字母"A""B""C"又可区分3个大的种类，如图2-15所示。

这个文件夹体系，可以让我们任意拓展其中一个分类，而不会影响其他。总之，文件夹的设立原则如下。

（1）每级目录尽量控制在7个文件夹左右，尤其是根目录不宜太多。

（2）任何文件都能够找到归属。

（3）每个文件夹下都预留一个临时文件夹，以防因为不知道该如何归类新接收到的文件而导致根目录无限扩张。

（4）序号能够让排序查找更为轻松。在浏览文件夹的时候，能够一眼看出文件夹或文件的优先级。

（三）新媒体信息整理要求

1. 信息种类广泛

素材信息如果太单一，使用起来可能还是会有手无寸铁的感觉，所以，种类广泛是一个合格的素材信息库必须具备的基本属性。具体包括：排版素材信息库、配图素材信息库、文章素材信息库、标题素材信息库等。

（1）排版素材信息库。让内容易于阅读理解，树立品牌的视觉形象，是排版的目标。排版不仅非常重要，而且需要花费不少时间，因此，为了让排版效率更高，效果更好，我们需要一个排版素材信息库。

（2）配图素材信息库。配图有多重要呢？重要到影响文章的打开率。配图素材信息库应该包括动态和静态的配图素材，也应区分封面配图和文章配图，另外，表情包、特色图片等也是值得单独分类出来的。有必要提一下的是，配图库同文章库一样，也需要挑选符合自己公众号调性的。

（3）文章素材信息库。文章素材信息库可分为专题文章库和热点文章库等，比如人物访谈文章、重大历史事件文章、每年的节假日或购物节文章等，都可以单独建立素材库。这几个方面的素材可以给我们在特定的日子里提供很多的灵感和数据支撑，节省我们选题和收集素材的时间。

（4）标题素材信息库。建立标题库非常重要，因为标题套路性非常强，各种类型的好标题保存在素材库，可以方便平时分析、学习、模仿和套用。

我们可以将自己账号中的所有爆款标题、朋友圈中的爆款标题、大号中的爆款标题，以及所有的关于标题技巧的干货文章中提到的经典案例作为我们的爆款标题的来源，收入我们的标题库中。

建立标题库后，我们就可以利用碎片化时间，多阅读标题，训练标题感觉，多问自己"为什么这个标题好""它使用了什么技巧""我应该怎么应用"等问题。在建立标题库的过程中要特别注意的是，收藏标题的时候，不要去管内容好与坏，有很多内容很差但标题非常好的标题也需要收藏。

我们对标学习的同调性大号，也是素材库来源之一。另外，文章开篇和结尾处的引导设计也可以作为独立的素材库来建立。素材库的种类没有上限，只要是自己需要，就尽量多建立一些，正所谓"素材在手、世界我有"。

2. 分类清晰，便于查找

既然种类繁多，那么素材库的另一个必备属性就是分类清晰，便于查找。混乱不堪的素材库不仅找起来非常费劲、费时间，有时真不如重新搜索来得更快，而且也会让我们脑袋发蒙，原本的灵感被击退，心情也变得烦躁。所以，收集素材时一定要顺手分门别类，以便使用时快速查找。

3. 及时更新

很多素材是具有时效性的，所以一定要记得及时更新。文章类的素材，如果已经内化为自己知识体系的一部分，就可以果断删除了。

第二节　新媒体选题策划与文案编辑

一、热点文案选题策划

如今的营销，不再是坐等一个天上掉馅饼的事情发生的契机，"所有的一切都是预谋已久的既遂"。互联网热点不断出现，大多数营销运营人既是见证者，又是参与者。"摔倒炫富"活动成本非常低，但却快速获取了用户的注意力；"支付宝锦鲤活动"一天转发数量就超过220万，并且多次上热搜，带来十几亿流量，营销效果非传统营销模式可比。如何借势营销，现在成为企业策划、运营以及新媒体编辑团队的必修课。

追热点是新媒体编辑的必备技能，因此新媒体编辑常常会思考这样一个问题：面对一个热点，究竟该怎样结合才能获得更好的运营效果。其实追热点也有一套可遵循的路径，可以帮助我们更高效地追热点。

（一）热点文案内容搜集

1. 微博热点

微博热点可以通过热门标签、榜单、话题查看。微博另一大热点集中地就是微博热搜，在微博搜索框内单击鼠标，搜索框下面就会出现热搜榜，点击可查看完整热搜榜单。微博热搜榜是最大、最主要、最及时的热点来源地。

2. 百度热点

在百度首页，设置打开热点推荐功能，就可以看到实时热点，这些热点是百度根据搜索热度、新闻热度整理的，非常具有代表性。百度搜索风云榜可以查看实时热点、全部榜单，还提供了地域风向标和人群风向标功能。

3. 今日头条热点

今日头条作为新闻领域的新势力，在热点方面自然也有一定的话语权，打开今日头条，查看热点，就可以看到最新的热点新闻。

4. 乐观助手

用户可以根据所需要的产品以及行业信息，通过乐观助手的热点追踪功能，来搜索最新的热点，并且可以导出所需的热文，随时随地查看热点。这是一款新媒体追热点的利器。

5. 微信群、朋友圈等

运营、营销群的抱团现象比较明显，热点的话题必然会在朋友圈、微信群出现。行业内也会跟风推出相应的海报、活动等。

（二）热点文案选题筛选

我们可能遇到过这样的问题——加班加点追很多热点，但是最终的效果却不佳。其背后的原因是：我们轻视了热点筛选这个环节，并不是所有热点都值得我们花费精力，只有筛选出真正值得追的热点，才会让热点的作用最大化。那如何筛选出有价值的热点呢？

1. 热点梳理

热点可以划分为可预估热点（制作营销日历，例如节日节气、电影电视剧、大型的活动）、不可预判热点（一些突发事件、娱乐圈的八卦、政策类新闻内容等）和不定期的循环热点（"心灵鸡汤"类、怀旧复古风、自嘲反讽等）。要想成为一个优秀的新媒体编辑，首先要培养对这三类热点的把握能力。网络资讯迭代迅速，热点也不是想追就能追得到的，况且每个产品都有自己独特的特征，热点追得再快，受众群体不对，一样是白搭。所以我们的技巧是：充分利用可预估热点，慎用不可预判热点，囤一些不定期循环热点。因为热点营销的最终目的是转化为绩效，但是热点却不一定是最佳营销转化方式。

我们可以使用热点营销工具、表格、脑图等对热点进行管理，梳理出未来一段时间（可以是周、月、季度）的热点。

2. 评估热点级别

评估热点的优先级，以帮助我们确定哪些热点该投入较多精力，哪些热点需要投入较少精力，或是选择不跟进。评级根据：

（1）热点的影响力程度。可以用百度指数、微指数、微信指数等工具帮助判断。

（2）跟平台的相关程度。包括与目前平台用户、平台资源等的相关程度。

结合以上两点，可以判断某一个热点大概在哪个象限内（图3-1），从而便于我们排出热点的优先级。

（三）热点文案选题确定

选定热点后，还需要做进一步分析，以帮助我们拟定文案选题。

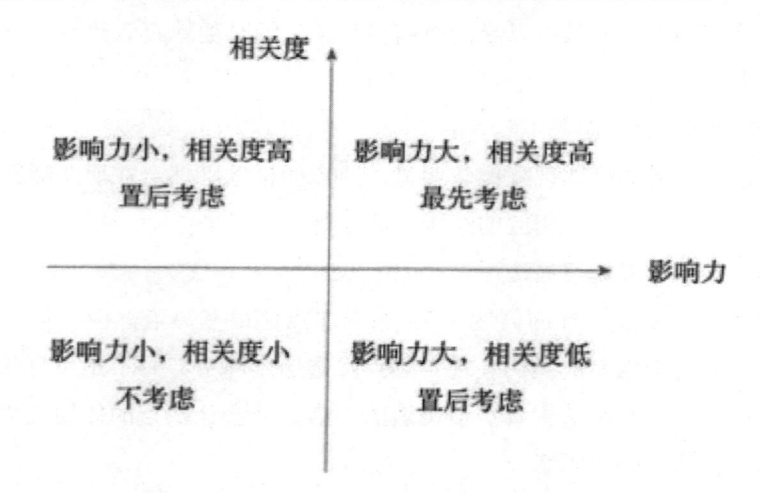

```
           相关度 ▲
               │
  影响力小，相关度高  │  影响力大，相关度高
     置后考虑      │     最先考虑
               │
───────────────┼───────────────▶ 影响力
               │
  影响力小，相关度小  │  影响力大，相关度低
     不考虑       │     置后考虑
               │
```

图 3-1　评估热点级别

1. 舆情分析：大家的关注点都有哪些

对于一个热点事件，通常会出现多个方面、形式的议题。我们可以通过微博、知乎等各大平台来了解最受关注的议题，梳理出正被热议的话题，形成拟定选题表。

2. 受众分析：都是什么样的人在关注

热点不同维度的议题，其目标人群可能不同。如"世界杯"热点，既有"冠军分析预测"之类的受资深球迷关注的话题，也会有"最帅球星榜"之类的受女性关注的话题。了解不同议题的人群特征，便于我们筛选出与自己平台特征相关的议题。

3. 选题拟定：可以产出什么样的话题

通过以上两步，可以判断出哪些议题是最符合平台特征且热度较高的议题。

（四）热点选题注意事项

1. 急于表达，常被打脸

遇到热点事件不要急于表达，更不要急于下结论，要让事件的相关利益方都发声。如果特别想紧追热点，一定不要表态，不要下结论，不要过多地进行揣测，只做现有事实的呈现即可。如在追"罗一笑事件"热点时，事情反转得太快，很多人上午发了朋友圈，下午就偷偷删掉了。

2. 赚了流量，失了用户

流量很重要，但是更重要的是流量背后的价值观。流量可以让品牌增值，也可能给品牌带来负面的影响。追热点要有基本的原则和三观，不要因为追热点太急，犯一些低级错误。

2018年杜嘉班纳（DG）"起筷吃饭"系列广告视频，涉嫌严重种族歧视，引发网上全民激愤，导致DG大秀被取消，全民抵制DG品牌。

知名主持人李咏突然离世时，微博、公众号、今日头条等自媒体平台非常喧闹，朋友圈也在刷屏悼念。然而，在大多数人感慨生命无常，我们需要关注健康时，诸如"为什么会患癌去世，他缺的不是钱，而是观念！""患癌后，才知道健康重要！那么，你应该吃我们的产品！""为什么会患癌去世，因为没有注意饮水！"之类的文案也出现在自媒体平台上。但是，这样错追热点，流量越大，对平台的伤害就越大。

再如错追滴滴顺风车热点的"二更食堂"，热点没追到，自身反成了热点，最终"二更食堂"不得不关闭平台，解散团队。大好前途，在成就自身的笔下化为灰烬。

我们在追热点时，一定要记住，知名度和美誉度不是一回事，追热点也要有基本的原则和三观。

3. 追得太快，浪费推送

热点出现时，要综合判断这个事件目前正处在什么传播节点上，后续将怎么展开，该什么时候追。一方面要不断跟进事件的最新进展，另一方面要提前整理好素材，两不耽误。

例如，在追"滴滴收购优步中国"热点时，创业邦事先就准备好了相关的材料，滴滴官方声明一出，就火速推出了《滴滴、Uber确认合并，估值350亿美金！赢的是资本、坑的是消费者！》一文，该文阅读量很快就达到了20万+，创业邦成为当天追这个热点做得最好的公众号之一。

4. 角度不对，不符定位

热点能带来大流量，高打赏，却不能盲目追。追热点时第一个要问自己的就是——这个热点是否符合自己平台的内容定位，如果不是，就请直接放弃。

总之，追热点做爆文的第一法则就是快，但是快一定是建立在有事实、三观正、定位准的前提之上的，否则，你越是快，对自己平台的伤害就越大。

二、爆款文案内容编辑

新媒体文案内容的编辑主要是围绕用户的浏览行为展开的。为了让用户感兴趣并点击进入，需要设计富有吸引力的标题；为了避免用户关掉页面、降低跳出率，需要设计文章的开头与正文结构；为了引导用户阅读文章后点赞、转发或购买产品，需要设计文章的结尾。总之，新媒体文案正文内容的设计从结构、开头、结尾等模块入手。

（一）爆款文案内容结构

新媒体文案新手经常会纠结于文采，认为自己缺乏文采，写不出好文章。但实际上，新媒体文案对于文采的要求并不高，因为文章是给普通用户阅读的，把话写清楚，让用户能看懂即可。

实际上，新媒体文案重要的不是文采，而是有清晰的段落结构，通过结构阐述观点。好的结构有助于用户阅读和理解，也方便自己构思和成文，提高效率。下面就介绍三种最常见，也最行之有效的文案结构。

1. 总分总结构

总分总结构，是我们中学时必学的作文结构。在新媒体方案中，总分总结构即文章开头部分写事件或是痛点，中间部分写自己的观点以及推测等，结尾说出总结，亮出自己的观点。当然，用金句结尾更完美。

第一部分：即开头介绍写作的主题或理由。总之先要让用户知道文章写作的目的，主题一定要非常明确，就像是做产品要先确定要解决的需求和痛点是什么一样，如果恰好用户对这个主题感兴趣，就会认真读下去。

第二部分：分条列出自己的观点，以及佐证自己观点的证据或者案例，并加以说明。这几个分论点之间可以是并列关系、递进关系、对比关系等等，但不能是包含关系或交叉关系。

第三部分：最后总结，亮出自己最终的观点，可以是重新提炼新的总结观点，也可以将前面说的分观点做汇总，让用户已经被分散的注意力做个集合，加深一下印象。当然，如果这部分能够提炼出一些非常不错的金句，会让用户更愿意进行分享。

2. 清单式结构

清单式结构即以清单式列表的方式列出用户所要的信息，或者自己想要呈现的内容，这些内容往往是平行结构，相互之间并没有非常强的关联。以下两类内容最常采用清单式结构：

（1）推荐某一类事物。比如推荐国外适合冬季旅游的10个景点，苹果手机上最适合打发时间的8个游戏，刚做新媒体的职场新人适合阅读的10本书，等等。

（2）解决方案类。用户遇到一个问题，我们来提供几种不同角度的解决方案，比如说医疗类的账号提供某一类病症的三种医疗方案，心理辅导类的账号提供抑郁症的几种调节方式，旅游类的账号提供北京旅游的5条不同时间长短的路线。

清单式或者说是平行结构的好处是不需要很强的逻辑能力，只需要介绍清楚自己的目的，以及列出相关的分支即可，操作非常简单。而且选题来源丰富，只要是信息量大的内容都可以这样进行提炼，简化思维，给用户一种帮其精选信息节省时间的感觉。在用这种清单式结构的时候，小标题往往起到很重要的作用，在主标题上明确列出有具体几个内容也很容易让人形成期待。

3．讲故事结构

故事是所有人都爱看的，会讲故事的人总是有各种神来之笔帮助我们快速进入剧情，等到我们一步步渐入佳境，不能自拔时，最后给出一个令人感动的或者意想不到的结局。这种结构也是最适合用来撰写软文的。

（二）爆款文案开头写作

新媒体文案开头具有承上启下的作用。一方面，开头要与标题相呼应，否则会给用户文不对题的印象；另一方面，开头需要引导用户阅读后文，好的开头是成功的一半。爆款文案的开头有七种设计方式。

1．摘要开头，浓缩精华

用最简短的语言提炼总结文章的主要内容，在提炼总结的时候尽量把文章的精华部分展现出来，让用户在读开头的时候就产生一种这篇文章非常精彩，很有看点的感觉。

2．表明观点，亮出态度

用户表面上是在阅读、转发一篇文章，实际上他是在为自己支持的观点投票，借阅读、转发的文章展示自己的态度。新媒体时代，"有鲜明主张，有明确态度，有自己观点"的文案能吸引更多的受众，因为年青一代更看重的是"我有表达的权利，我有表达的自由"。所以，很多作者喜欢在文章一开头就亮出自己的态度，说出自己的观点。

3. 与你有关，对你有用

在开头直接向用户表明，这篇文章是跟用户有关系的，是对用户有益处的，是涉及用户利益的等等，让用户感受到这篇文章"为我而写，对我有用"。

因为大部分新媒体用户都是网约车和出租车的用户，所以作者在文章一开头就指出这篇文章讲的内容跟大家的利益相关。

4. 描述痛点，戳中用户

撰写一篇文章时，要思考这篇文章要解决一个什么样的用户痛点，然后在文章开头就戳中用户，让用户点进来一看就有一种"这就是说我啊"的感觉。只有戳中用户的痛处，用户才会继续往下看。

5. 提出疑问，激发好奇

好奇心是人类共有的天性，有句话叫"好奇心害死猫"，如果能在开头想办法激起用户的好奇心，让用户产生疑问，他就一定会往下看文章以寻求答案，解答疑惑。

6. 引发共鸣，增加认同

金句跟"鸡汤"、段子感觉差不多，每个主题的内容可能都有相应的金句，这些金句一般机智、幽默、非常讨巧，有一种一语道破天机的感觉，容易产生共鸣，比较有传播力。

7. 直接说事，欲罢不能

这种写法就是：开头没什么铺垫，背景介绍也基本没什么大段的观点、态度，直接说事，第一句话就把用户拽到一个场景中，语言紧凑，环环相扣，让用户一旦读起来就停不下来。这种写法现在越来越常见了。

总之，开头的写作原则就是：迅速锁定用户注意力，激发阅读兴趣。一个注意事项就是：不管你用哪种开头技巧，在表达上一定要直截了当，开头最忌讳的就是啰唆。

（三）爆款文案结尾写作

新媒体文案的目标并不是让用户读完一篇文章，真正的目标是通过文案激发用户做出我们期待的行为。有人看完文章会大呼"写得太有才了"，点赞并转发到朋友圈；有人会喜欢文章描述的产品，长按末尾的二维码并下单购买；有人会把自己此时的感受或想法在评论区表达出来；当然，还有人会抱怨"看了半天原来是个广告啊"，然后生气地关掉页面。因此，我们要适当地在文章结尾设置引导。

新媒体文案都有营销目的：要么为品牌服务，提升企业的知名度与美誉度；要么为销售服务，推广产品、提升销量。因此，需要在文案结尾进行优化，鼓励用户做出相应的行为。

但是，在撰写结尾的时候，应自觉抵制诱导转发的行为，不要出现"请好心人转发一下""转疯了""必转""转到你的朋友圈"等字眼。各新媒体平台对于这类诱导转发行为也有严格的惩罚措施。如在微信公众平台，一经发现，短期封禁相关平台账号或应用的分享窗口，情节恶劣的，将永久封禁账号。

通常，新媒体文案结尾写作有4个技巧。

1．提炼核心，总结全文

在结尾部分梳理一下文章的观点，能够有效加深用户的印象。我们可以用一句或几句话来阐述一下整篇文章的中心思想、核心立意和论点。

2．强调观.点，引发"站队"

既然用户阅读、转发公众号文章的行为可以被认为是一种"投票"行为，那么我们就应该主动迎合用户的喜好。除了在开头、正文处阐明相关观点，在结尾处我们依然要对这些观点进行强调，以便让用户感受到作者的倾向性。

3．抛出话题，引发讨论

在社交媒体上，话题就是"硬通货"。如果文章的结尾可以制造话题，也就相当于为用户提供了"社交素材"。用户获得了这些"社交素材"，便有很大可能会在他们的朋友圈中传播文章，因为他们围绕这篇文章可以完成交流、吐槽等社交行为。

4．"鸡汤"金句，制造共鸣

在结尾处引用一些情感金句、名人名言是极为常见的一种写作技巧。人的内心总是需要抚慰的，故而"心灵鸡汤"就成为刚需产品。充满正能量、励志的句子总能有意无意地激发用户的积极心态。

开头为始，结尾为终，有始有终，才能掷地有声。对于上面讲述的这些关于开头和结尾部分的写作方法，大家应当将其与自己文章的主题、风格一一比较，继而选取出最适合自己文章的开头、结尾形式。当开头结尾真正成为"龙头凤尾"时，相关的文章自然就具备了成为爆款的潜质。

（四）爆款文案评论策划

一篇好的新媒体文案，除了吸引用户点击与阅读之外，还要会制造参与感，吸引用户撰写评论或者为他人的评论点赞。单纯的新媒体文案内容仅仅是新媒体编辑输出的观点作为用户只能被动接受，而评论的存在是给阅读用户一个发声的渠道，一些平淡的文章可能会因为几条有才的评论而被转发。常见的评论方法如下：

1. 正文补充

文章里有遗漏的内容或需要增加的资料，可以用个人号在留言区补充完善。

2．趣味互动

通常，在留言区域，作者会认真回复用户的问题或者评论，但是我们可以"反其道而行之"，不去一本正经地回复，而是趣味地与用户互动。有趣的互动，会让用户会心一笑。

3．留言引导

一篇文章会有多个观点，而用户的直观感觉会停留在结尾处的观点，为了引导用户对某一话题有针对性地留言，可以在结尾增加"说说你对某某的看法"或"关于某某，不妨在留言区聊聊"等提示语，进行留言引导。

4．点赞投票

评论区域的点赞功能，可以作为投票工具。一方面，可以作为活动，发起"留言点赞前三名将获得定制奖品"之类的投票；另一方面，可以作为问卷，发起"大家可以尽情提问，点赞数前三名的问题，下次文章我们会专门解答"之类的投票。

第三节　新媒体音频与视频编辑

一、新媒体音频编辑

（一）音频信息采集

史蒂文·斯皮尔伯格说过："声音成就画面。"糟糕的声音采集会比逊色的灯光和摄影更快地毁掉画面。

1. 音频采集参数

（1）音频。指人耳可以听到的频率在 20 Hz~20 kHz 之间的声波。

如果在计算机上加上相应的音频卡——就是我们经常说的声卡，我们就可以把所有的声音录制下来，声音的声学特性如音的高低等都可以计算机硬盘文件的方式储存下来。反过来，我们也可以把储存下来的音频文件用一定的音频程序播放，还原以前录下的声音。

（2）采样频率。将模拟信号转为数字信号时，需要隔一定的时间对模拟信号进行一个采样，然后将这个采样用"0"和"1"来表示，也就是将音频数字化。采样频率是指，一秒内对模拟信号进行多少次采样。采样频率越高，说明采样点之间越密集，记录这段音频所用的数据量就越大，因此音质也就越好。

采样频率单位为赫兹（Hz），我们最常用的采样频率是 44.1 kHz，它的意思是每秒取样 44 100 次。通常 CD 的采样频率为 44.1 kHz；DAT 的采样频率为 32 kHz、44.1 kHz 和 48 kHz；其他常见的采样频率还有 22.05 kHz 和 11.025 kHz 等。采样频率越高，数字化后的音频越接近原始声音。

（3）量化精度。指可以将模拟信号分成多少个等级。量化精度越高，音乐的声压振幅越接近原音乐。具体来说，就是在数字音频技术里取得采样值后，要对数据进行量化。量化后的数值与原来的采样值是有误差的，这个数值就是量化精度。量化精度越高，量化值与采样值之间的误差就越小，声音听起来就越逼真、越细腻。其单位是比特（bit），通常 CD 标准的量化精度是 16bit，DVD 标准的量化精度是 24bit。

（4）声道数。即声音的通道的数目。常见的有单声道和立体声（双声道），现在发展到了四声环绕（四声道）和 5.1 声道。

①单声道。单声道是比较原始的声音复制形式，早期的声卡采用得比较普遍。单声道的声音只能使用一个扬声器发声，有的也处理成两个扬声器输出同一个声道的声音，当通过两个扬声器回放单声道信息的时候，我们可以明显感觉到声音是从两个音箱中间传递到我们耳朵里的，无法判断声源的具体位置。

②立体声。即双声道。双声道就是有两个声音通道，其原理是人们听到声音时可以根据左耳和右耳对声音的相位差来判断声源的具体位置。声音在录制过程中被分配到两个独立的声道，从而达到了很好的声音定位效果。这种技术在音乐欣赏中显得尤为有用，听众可以清晰地分辨出各种乐器声音来自的方向，从而使音乐更富想象力，更加接近于临场感受。

双声道最常见的用途有两个：在卡拉 OK 中，一个声道是奏乐，一个声道是歌手的声音；在 VCD 中，一个声道是普通话配音，一个声道是粤语配音。

③四声环绕。四声环绕规定了前左、前右、后左、后右四个发声点，听众则被包围在这中间。同时还建议增加一个低音音箱，以加强对低频信号的回放处理

（这也就是4.1声道音箱系统广泛流行的原因）。就整体效果而言，四声道系统可以为听众带来来自多个不同方向的声音环绕，可以获得身临各种不同环境的听觉感受，给用户以全新的体验。如今四声道技术已经广泛融入各类中高档声卡的设计中，成为未来发展的主流趋势。

④ 5.1声道。5.1声道已广泛运用于各类传统影院和家庭影院中，一些比较知名的声音录制压缩格式，譬如杜比AC-3（Dolby Digital AC-3）、DTS等都是以5.1声音系统为技术蓝本的，其中".1"声道，则是一个专门设计的超低音声道，这一声道可以产生频响范围20Hz~120Hz的超低音。其实5.1声音系统来源于4.1环绕，不同之处在于它增加了一个中置单元。这个中置单元负责传送低于80Hz的声音信号，在欣赏影片时有利于加强人声，把对话集中在整个声场的中部，以增强整体效果。

目前很多在线音乐播放器，比如说QQ音乐，已经提供5.1声道音乐试听和下载。

（5）音频的常见格式。音频格式即音乐格式。音频格式专指存放音频数据的文件的格式。音频格式最大带宽是20kHz，速率介于40kHz~50kHz之间，采用线性脉冲编码调制PCM，每一量化步长都具有相等的长度。

目前音乐文件播放格式分为有损压缩和无损压缩两种。使用不同格式的音乐文件，在音质的表现上有很大的差异。有损压缩顾名思义就是降低音频采样频率与比特率，输出的音频文件会比源文件小。无损压缩则能够在100%保存源文件的所有数据的前提下，将音频文件的体积压缩得更小，而将压缩后的音频文件还原后，能够实现与源文件相同的大小、相同的码率。

2. 音频采集工具

除了内容本身，录制专业级音频的重要因素之一就是要保证音频质量。"出色音频"的定义可能是主观的，但在录制时确保一个清晰、无失真的出色声音，和最小的环境噪声，是专业录制的基本要求。而要实现这个基本要求，要考虑到众多录制环境因素，像录制经验、合适的设备以及调试时间，这些都是非常重要的。

（1）房间。要想拥有专业级的音频质量，虽说不需要花大价钱依靠专业声学测量仪器来改造录制环境，但综合考虑交通噪声、其他环境噪声等不确定因素，并根据不同因素采取不同的措施还是很有必要的。

最简单的办法就是购买一些专业声学吸音海绵，把海绵贴在录制空间里任何反射表面上，或用吸音海绵自制一个隔音罩。同时将地板铺上地毯，在窗户上挂上多重厚窗帘，保持桌面的干净，以减少任何近距离的声音反射。如果可能的话，录制时尽可能远离墙壁。测试背景噪声是否还存在，较好的方法就是使用耳机监听，做几个小测试并尝试模拟不同场合下的音质效果。

（2）计算机。一般来说，在个人的小型音乐工作室里，所有工作都要由计算机来完成。制作音乐，建议自己装机而不要买品牌机。用来制作音乐的计算机应使用扩展位多、散热好的大机箱，专业用户可以选择服务器专用机箱；主板建议使用 Intel 原装主板或使用 Intel 芯片的优质主板，以保证系统的稳定和兼容性。

（3）声卡。声卡是计算机中与声音处理有关的设备，也是最重要的硬件设备之一。录音时，来自话筒或调音台的音频信号都是要经过声卡进入计算机的，因此声卡的质量是至关重要的。我们挑选声卡主要是关注它的音频处理效果。在录音时，声卡上的数模转换器将来自麦克风的仿真信号变成数字信号，回放时则相反。专业的录音声卡抗干扰能力很强，有的音频工作站系统使用昂贵的全外置数模转换器来彻底将声音处理芯片与计算机隔开。

我们习惯将声卡分为民用声卡和专业声卡两种。民用声卡并不是不可以用来录音，但专业声卡在音质和性能上肯定要超过民用声卡。

（4）麦克风。麦克风是直播/录制时的关键工具之一，与任何其他音频制作流程一样，尽可能选择合适的麦克风类型非常重要。这并不意味着最昂贵的麦克风就能录出最好的效果，但使用一款高质量且适合人声的麦克风可以产生准确的原始音频，这是非常重要的。

因此，动圈或电容式麦克风就是较佳选择了。动圈麦克风坚固、耐用，可以很好地降低环境噪声。电容麦克风则能提供更为清晰与沉稳的音色，但是电容麦克风比动圈麦克风更敏感，所以往往会容易录入更多背景噪声。因此如果录音环境不完全隔音，动圈麦克风会是更好的选择。

（5）监听设备。首先要说的是，监听音箱和我们平常家用的欣赏音箱不是一个概念。监听的声音需要毫无修饰，而欣赏用的音箱都是带有修饰的，会蒙骗我们的耳朵。如果有可能，建议选购一对专业的监听音箱。

但使用民用的多媒体音箱也不是不行，因为毕竟不是每个人都买得起专业监听。这就要求我们摸清所使用的音箱的脾气，做到心中有数。比如如果我们的音箱低音比较厚，就要让低音稍小点儿。另外，借助频谱仪软件，混音的时候就可以很清楚地看到各个频段的情况。

（6）录制软件。

① Windows 自带录音软件。可以通过"开始"菜单，"所有程序→附件→录音机"打开 Window7 中的录音机，Windows10 中的录音机叫"语音录音机"。Windows 录音机一般默认的是录制外部输入（麦克风设备）的声音，若修改为录制"立体声混音"，就会录制电脑内部播放（播放器音源）的声音。

② PC 端专业录音软件。Adobe Audition（aa 录音软件）是一款完善的工具，其中包含用于创建、混合、编辑和复原音频内容的多轨、波形和光谱显示功能。这一强大的音频工作站旨在加快音频制作工作流程和音频修整的速度，并且还提供带有纯净声音的精美混音效果。

《录音精灵》是一款能够极大提升听觉享受的录音工具。它支持从各大音乐网站、视频平台及音乐电台录制音频流媒体文件。《录音精灵》可为用户提供诸如 MP3、AAC，FLAC、WMA 等在内的多样化的输出格式，以便于用户可以在任意播放器及便携式设备中轻松享受音乐的乐趣。

GoldWave 是一款功能强大的数字音乐编辑器，是一个集声音编辑、播放、录制和转换功能于一体的音频工具，它还可以对音频内容进行转换格式等处理。它体积小巧，功能却不弱，可以打开的音频文件相当多，包括 WAV、OGG、VOC、IFF、AIFF、AIFC，AU、SND、MP3、MAT、DWD、SMP、VOx、SDS、AVI、MOV、APE 等音频文件格式，也可以从 CD 或 VCD 或 DVD 或其他视频文件中提取声音。内含丰富的音频处理特效，从一般特效如多普勒、回声、混响、降噪到高级的公式计算都有。

③手机录音软件。《录音宝》是一款提供高质量录音、录音转文字服务的手机录音软件，与讯飞听见网站账号互通，手机和网站操作都方便，解决了常见的录音回听不方便、导出录音复杂、录音转文字耗时等问题。

《风云录音机》是一款强大的录音软件，支持各种场景的录音，不管是本地录音还是通话录音功能，都能满足用户的需求，一键开始录音还能随时暂停录音，就算来电通话也不会中断录音，且录音时长没有限制。

3. 音频采集内容

（1）音频节目的组成部分。音频节目是一门听觉艺术，其音频大致由三大部分组成：人声、垫乐、音效。以一期情感类节目为例，一般来说，一期音频节目分为四个部分：台宣（或片花）、开场白、内容、结束语。

①台宣：如同电视节目固定的开头短片一样，一来显得更正式，二来也有一种仪式感。

②开场白：一个音频节目建议有一句固定的 slogan，比如"期待与你相遇几分钟，不多不少刚刚好"，让人容易记住。开场白中还要加上主播的自我介绍以及关于本期节目的介绍简单，给听众做一个铺垫。

③内容：节目稿的内容一般是由主播或者编辑准备的，稿件大致分为两种：原创类稿件和搬运类稿件。原创类稿件有利于提升音频节目的品牌形象；搬运类稿件一般是文摘类，很多美文类公众号都是读别人的文章，要注意的一点是必须事先从对方处取得授权。

④结束语：可以针对节目内容和大家谈谈自己的想法，以及进行简单的告别。还可以在文末抛出和文章内容相关的问题，或是一个新的问题，会在下期或通过回复关键词给出答案。也可以做个下期内容预告，"绑"住你的读者。

（2）音频内容的采集准备。音频内容的采集主要分为前期、中期、后期三个阶段。在音频录制前期，我们主要是进行节目内容的具体准备工作，如节目朗诵的内容、音乐、封面图等，中期进行节目的录制和剪辑，后期要进行音频节目的包装与推广。本任务主要谈论节目前期准备。

①内容准备。建立音频节目的第一步就是明确定位，先问自己两个问题：我的音频节目属于分类中的哪一类；我的音频节目大致推送的内容是什么。

第二步是确定选题，然后准备节目内容。音频节目基本上都是要有节目稿件的（脱口秀节目也要有话题提纲），节目内容一般是主播或者编辑准备的，大致分为两种：

原创类——自己写的稿子，比如"蓝绿调频"里的节目内容都是维安自己的原创稿件，这样有助于把电台和公众号衔接在一起。

搬运类——也就是文摘类，很多美文类公众号都是朗读别人的文章，但要注意的是事先要获得对方的授权。

②配乐准备。单纯的人声可能难以带动听众的情绪，我们需要根据声音的节奏搭配背景音乐。因此我们要收集整理好音乐素材。

配乐的搜索：一定要避免选择已经用滥了的配乐。可以在 marmoset music 里搜索合适的背景音乐，也可以选取一些电影原声带、人物短片、纪录片、综艺节目类的背景音乐等，因为它们也是靠音乐带动观众情绪的。

配乐的选择：根据故事的节奏、情绪来选择背景音乐。比如：在开头介绍人物信息的部分，可以选用比较平稳的音乐；在主人公遇到挫折的部分，可以选用比较紧张、低沉的音乐；在努力冲破困难的部分，可以选用比较激动、励志的音乐；在结局的部分，可以选用胜利平稳的音乐。

配乐的命名：为了在剪辑的时候快速找到自己需要的音乐，可以在每首音乐的名字上标明音乐属于哪一类情绪。比如偏向悲伤的音乐可以在文件名加上"悲伤"。

4. 音频采集方法

音频数据的采集，常见的方法有四种：直接获取已有音频、利用音频处理软件捕获截取声音、用麦克风录制声音、用《喜马拉雅》App 录音。

（1）直接获取已有音频。可以从网上下载，网上有许多声音素材网站，声音文件下载方法和其他文件下载方法相同；还可以从多媒体光盘中查找。常见的声音素材网站如下：

①爱给网。爱给网，原为音笑网，诞生于 2008 年，是国内较早提供音效、配乐和声音材料搜索和上传分享服务的专业平台，我们可以根据自己的需要查找声音素材。

②声音网。声音网的音效素材和配乐素材部分分别提供海量音效素材和配乐素材，并且可免费下载。

③公众号音频采集。微信公众号里有些优美动听的旋律或者触动心扉的话语，总是让我们忍不住想永久地保存下来。那如何把其他公众号图文中的音频或者音乐转载到自己的公众号上呢？

第一步，进入小蚂蚁微信编辑器网站，在"新媒体助手"菜单中找到"音乐/音频提取"或"微信音乐音频提取"功能。

第二步，复制含有音频或者音乐的微信图文链接地址。

第三步，将第二步获取的地址填入"微信文章地址"框中，点击提取按钮。

注意：微信文章地址的链接必须是以"https：//mp. weixin. qq. com"开头。

第四步，文章中音频和所有音乐文件可同时提取，可以点击右侧的"复制""插入""下载"进行操作。点击下载可以将音乐、音频内容下载到本地电脑。

（2）利用音频处理软件捕获截取声音。即剥离正在播放的视频中的声音，或从音频中截取一段声音。剥离视频中的声音，可以用《千千音乐》软件，这款软件可以方便直接地转换音频格式，也可以用于剥离视频中的声音。具体操作是打开要转换格式的视频文件，在播放列表中用鼠标右键单击需要转换为 MP3 格式的视频，单击"转换格式"，在打开的"转换格式"对话框中，选择"输出格式"及保存位置，单击"开始转换"即可。

如果需要转换功能更全面一些，可以选用《格式工厂》，万能的多媒体格式转换免费软件。它还可以实现大多数视频、音频以及图像不同格式之间的相互转换，具有设置文件输出配置、增添数字水印等功能。

（3）用麦克风录制声音。Adobe Audition 集编辑、混合、录制和复原音频等功能于一体，致力于为业界提供优秀的音频清理、复原和精确编辑工具，可用于视频、播客和音效设计。

①进入 Adobe Audition 软件主界面，依次点击"文件→新建→多轨会话"命令，当然也可以直接用快捷键"Ctrl＋N"呼出"新建多轨会话"界面。

②接下来设置好会话名称、文件夹位置、采样率等。

③建好项目后，点击录音准备"R"按钮，再点击编辑栏内的录音红色按钮，便可成功录音。

M=mute（静音），表示静音当前音轨（要听人声的时候可以把伴奏的"M"键点亮，就不会播放伴奏）。

S=solo（独奏），表示只播放当前轨（点亮 S 后，其他轨就算不设置静音也不会播放）。

R=record（录音），表示点亮"R"键录音至当前音轨。

l=monitor input（监视输入），表示点亮"I"键可以在耳机中听到自己的声音，即"听湿录干"功能。

④对着麦克风说话，可看到音轨处有波形出现，即表示已经在录入声音了。录音完毕后再点击一下红色圆点按钮来结束录音，保存退出即可。

录制音频的注意事项：

①录音前：尽量不要开麦克风加强，音量大小可以靠后期调整。

②录音时：录音时，请留半分钟左右的空白，方便后期噪声采集；每句台词之间隔 3 秒左右空白，方便后期剪辑。话筒最好离嘴 5~10 厘米，与脸成 30°角且在嘴唇上方，以防录进爆破音和喷麦。高音和情感激烈的时候话筒拿远一点儿。

录制音频的时候不要开任何软件，包括 QQ、Skype、YY 等。

③录音后：同一天同一套设备的录音放在一个文件夹，不要混合放。不要自己降噪或者做混响，统一交给后期处理。

（4）用《喜马拉雅》App 录音。《荔枝 live》《蜻蜓 FM》《喜马拉雅》等 App 都提供了手机录音的功能，用户在录制音频后可以加上些简单的后期效果，直接上传录音节目，以下以《喜马拉雅》App 为例进行说明。

①打开《喜马拉雅》后，点击右下角的"账号"，进入"我要录音"界面，点击"添加文稿"铵钮可添加文字，点击橙红色的"录音"按钮开始录音。

②录完一段声音后，点击"暂停录音"可以开始剪辑，声音经过修剪后，可以点击左侧的"试听"按钮听一下效果；如果仍不满意，可以点击左下角的"重录"按钮，重新开始；如果觉得这段录音不错，剪辑恰到好处，可以点击"录制已暂停"按钮，继续录下去。总之，可以不停重复录制，直到满意为止。

③在添加配乐的对话框中可以"添加配乐"，并控制伴奏音量的大小；在"声音特效"中，可以将声音变换成其他角色的声音；在"音效"中，可以适当添加不同的音效效果。设置完成后，可以试听作品，或者保存到草稿箱，或者直接上传声音。

（二）音频后期剪辑

在录制音频时，或多或少会出现一些瑕疵，因此需要通过音频剪辑软件对录音或者音乐等音频文件进行剪辑。音频也是可以裁剪、合并并且生成新的音频的，还可以给音频添加一些特效让声音更加优美动听。整个音频的内容、节奏、音质、音乐通过细致的调整，能让听众听得舒服，带动起听众的情绪。

1. 裁剪合并音频

（1）裁剪音频。人声录制中会出现诸多错误，比如声音有停顿、有错误，就需要我们裁剪音频。具体操作过程如下：

①打开音频制作软件 Adobe Audition。

②选择"文件→导入→文件"命令，在弹出的对话框中，选择要导入的音频。

③试听音频，用工具栏上的"时间选择工具"，选择要裁剪的音频片段。

④右击选择"删除"，即可删除不合适的音频。

（2）合并音频。在录制声音时，可能是分段录制，这就需要将声音合并成一个文件。具体操作如下：

①把第二段音频导入到软件中。

②把第二段音频拉到第二轨，接着把它往后拉到与第一轨音频的尾部对齐，然后再把它拉到第一轨。

③若两段音频中间有很多静音，可以把第二段音频往左拉让两段音频有重叠部分，这样可以将两段音频完美地融合到一起。

④在下面的空白轨上点右键选"导出混缩→整个会话"。

2. 音频音量处理

音频在开头时要留 3~5 秒纯音乐无人声，音量大约为 -12dB，然后出人声，同时背景音乐减小以突出人声；结尾人声消失后留 3~5 秒纯音乐结束，音量慢慢降低。因此要进行音频音量效果处理。

（1）音量大小调整。每个轨道都有一个音量调节图标，鼠标放在这个图标上，会呈双箭头加手指形状，并显示"音量：0dB"字样。

鼠标向左滑，数值成负值，音量变小；鼠标向右滑，数值成正值，音量放大；也可以直接在数值框内输入预定的数值。右侧"立体声平衡"酒图标，向左向右滑动即可调节。

（2）调整音频节奏。双击要调整音频节奏的轨道，选择"效果→时间与变调→伸缩与变调"，在弹出的"伸缩与变调"对话框中，按住鼠标左键拖动"伸缩"滑竿（往左拖是加速，往右拖是减速），也可以直接在"伸缩"后面的百分号前的框里直接输入数字，试听满意后单击"确定"按钮。

（3）淡入淡出效果。音乐过渡的时候，结束的背景音乐慢慢地降低音量直到消失，可以留 3~5 秒的空白，再将切换的背景音乐音量由低到高进入，这样可以让听者感到舒服、自然。

①双击进入音波编辑界面，点击左上角的按钮进行拖动，左右拖动可以调整淡入的时间，上下拖动可以调整淡入进入的函数弧线。

②右上角的按钮国是调整淡出的时间，拖动方式同淡入。

③分割线的上部是左声道，分割线的下部是右声道，通过不同的函数淡入淡出，可以制造出由远到近或者由近到远的声音特效。

3. 音频特效处理

（1）消除齿音。齿音，发"zhi、chi、shi、zi、ci、si"时，声音与牙齿摩擦出的嘶嘶刺耳音。齿音就如口水音一样，都是音频中的污点。齿音的频率在

5kHz~10kHz 之间，我们尽量在不影响音频的情况下，细心将它们减弱。通过频谱可以消除齿音，具体方法为：

①选中带有齿音的片段，越精确越好。

②选择"效果→振幅与压限→消除齿音"，通过频谱消除齿音。

（2）音频降噪。录制干音的时候，我们会尽量减少环境噪声，但仍然会有环境噪声存在。环境噪声过大，降噪后干音的失真也就越厉害，为了声音的纯正，要尽可能减少环境噪声。在环境噪声不大的情况下，降噪级别一般在 5%~25%。当然，我们可以采取多次降噪的手段，比如采样后第一次降 5%，在第一次降完的干音上再采样，第二次降 10%，在第二次采样的干音上再采样，第三次降噪 10%，如此循环，降噪的过程实际就是切高频噪声的过程，所以，在降噪和声音失真度上要权衡把握，不要一味追求干音的绝对纯净。其实，在合着伴奏听的情况下，少许的噪声是听不出来的。降噪的操作过程如下：

①导入要降噪的声音，双击单轨，将音轨放大。

②依次选中"效果→降噪/恢复→降噪（处理）"命令，在弹出的"效果-降噪"对话框中，单击"捕捉噪声样本"，系统将会自动进行噪声样本的提取。

③等系统捕捉好以后就要选择整个文件，对整个录音进行降噪处理。

④"效果-降噪"对话框下面的属性可以调整，建议强度不要太大，太大会导致人声被损坏，具体的数值要根据自己的噪声强度去设置，捕捉样本后直接应用，只要听到的声音没有瑕疵就可以了。

（3）给音频增添磁性。想要让声音变得更加有磁性，可以双击选中要调整的单轨，打开"效果→滤波与均衡→图形均衡器（10 段）"，在对话框中来调整。

主要调整的参数是 125 Hz 和大于 16 kHz，首先调高 125 Hz，我们会发现声音变得更加取悦我们的听觉了。但是因为调高了 125 Hz 之后低音增强了，中高音部分相对减弱了，听起来音色挺好，但是内容不是很清晰，这时候可以把大于 16 kHz 调高，这样再听声音会改善很多。

4. 生成机器人解说

你是否听过手机里的 Siri 讲话？或者导航软件里自动生成的语音提示？Adobe Audition 可以用语音生成带有机械感的"机器人解说"。

（1）在菜单中，选择"文件→新建→音频文件"命令，将生成的语音存储在新建的音频文件中。

（2）在菜单中，选择"效果 → 生成 → 语音"命令，打开语音生成器的界面。

（3）在"语言"下拉菜单中，指定选用的语言。Windows 系统中只有中文和英文，Mac 操作系统中可以使用多种语言。

（4）在文字输入部分输入我们想要说的话，单击左下角的"试听"按钮即可试听生成的语音。

（5）通过"说话速率"参数可以调整说话的快慢，通过"音量"参数可以调整说话音量的大小。

（6）调整完毕后，单击"确定"按钮即可生成语音。

5. 导出音频文件

依次选择"文件 → 导出 → 多轨混音 → 整个会话"命令；在"导出多轨混音"对话框中，设置文件名、保存位置等，导出格式一般为 MP3；"格式设置"可以更改，如果要求不高可以选择默认，一般 192 k/s 即可，若需要无损音频，可以选择 320 k/s（48 000 Hz），但文件体积会很大。

二、新媒体视频编辑

随着市场上短视频 App 的火热兴起，现在人人用手机就能拍摄视频，在这个短视频低门槛、大众化的市场趋势下，每位视频创造者都想让自己拍摄的视频更加出彩，更加吸引眼球。那么，如何让自己拍摄的视频吸引人？从视频文案策划、分镜脚本撰写到拍摄器材选择、拍摄参数设置、视频素材录制都需要做到专业才能让短视频更具吸引力。

（一）视频文案的策划

视频的文案就是视频的配音稿，也就是配合视频演示画面的声音讲解的稿子。

文案是钢筋骨架，画面是砖瓦水泥，后期是精装修。用流畅清晰的画面和语言表达自己的脑洞。文案直接决定了视频的类型、风格、表达主次，让表达更有逻辑与趣味。

1. 撰写视频文案前的准备

（1）确定视频表达的主题。主要是挖掘目标用户的兴趣点，了解目标用户的喜好，进行有针对性的用户兴趣研究，分析出用户可能感兴趣的内容范畴，从而确定视频表达的主题。

（2）确定视频的类型。了解了用户的喜好后，我们应该用何种视频方式进行呈现呢？是搞笑视频、街头采访，还是评测视频、小技巧分享呢？不同的用户群体有不同的内容形式喜好，这是我们需要进行研究的。

（3）确定视频需要表达的重点。确定视频中哪些内容是要多花时间介绍的，哪些内容是一带而过就行的，哪些内容是虽然好但是不用在视频里的。

（4）确定视频的受众。确定视频是给小朋友看的，学生看的，老年人看的，女性看的，还是供应商看的。

（5）确定视频风格。这一点需要根据第（2）（4）点进行选择，一般来说，科普的轻松活泼些，商务的大气沉稳些，给小朋友看的语言可爱，写故事既可以有趣也可以抒情，应根据具体情况具体分析。风格要提前定下来。

（6）查阅相关的文案资料。蹭热点，找典故，看新闻，找人聊天都是不错的方式，根据视频主题、类型、重点、受众、风格等等开始找相关资料。

（7）用思维导图进行思路梳理。

用百度脑图、思维导图等工具或手绘等方式梳理整个视频的文案思路。

2. 视频文案创作逻辑

（1）为视频取一个炫酷的标题。

（2）视频可以以第一人称介绍、背景介绍、场所介绍、时间介绍等方式开头。

（3）根据之前做的框架，想到什么写什么，不要在乎逻辑，先把自己想表达的东西全部写完。

（4）写文案的时候要有画面感，减少一些口水化或与主题无关的语言，保证视频的连贯性。

（5）如果你有甲方把控质量，那么要充分了解他的需求，和他确认好主题、风格、重点、受众等问题，可以引导他往你的思路上靠。

3. 计算文案的配音时长

同一个文案在不同要求下的配音时长不一样，例如性别（男女），语速（快慢），风格（活泼、深情、大气、搞怪）等因素都会影响配音时长。

一般情况下：语速快一些的配音员平均语速能达到每分钟 300 个字。普通语速的配音大概每分钟 280～300 个字。大气沉稳的配音大概每分钟 220～250 个字，就看配音要多沉稳。比较抒情的文案内容，需要画面中间停顿的每分钟 180～200 个字。

（二）分镜脚本的撰写

分镜脚本表现的是视频前期构思和文案创作阶段对画面的构想。有了分镜脚本，画师能够根据画面进行创作，后期也有了进行画面合成的依据，同时还便于与团队其他成员进行项目沟通，节省后期修改所耗费的成本。

（1）分镜。分镜（storyboard）又叫故事板，它通过将连续的画面进行分解，以图表的方式取其中最关键的一帧来说明影像的构成，并且标注运镜方式、时间长度、对白、特效等。分镜用以解说一个场景将如何构成，以及人物以多大的比例收入镜头进行构图，人物的动作，摄影机要从哪个角度切入或带出，摄影机本身怎么移动，录影多长时间等。

分镜脚本有利于理清全局的思路，让你对故事画面有清晰和明确的把握，避免视频的凌乱或者视频时间过长的问题；有利于把控整体画面，让你能够统一故事的画面，避免画面缺乏连贯性、角色形象出错等问题；有利于突出视频重点内容，让你更好地把握主题，让故事不偏离重点。

（2）用 Excel 表格写分镜头脚本。一个完整的分镜头要包括七大要素：镜头编号、景别、画面内容、对话（包括台词、解说词、旁白）、音乐、音效和镜头长度。分镜头脚本是导演在理解剧本的基础上对作品的艺术创造。对作品每个镜头的拍摄方案和镜头间的组接方式都予以精心考虑，并将组成每个镜头所有元素的处理方法列成表格形式。

①镜头编号：即镜头在分镜头脚本中所处的顺序号，用数字表示。

②景别：拍摄过程中，由于摄像机与被摄对象的距离或采用的焦距不同而形成的，包括远景、全景、中景、近景、特写。但采用运动镜头拍摄时，景别会产生变化。

远景是景别中视距最远、表现空间范围最大的一种景别。主要表现地理环境、自然风貌及开阔的场景和场面。

全景是表现人物全身形象或某一具体场景全貌的画面，可以用于表现宏伟、壮观的形象。

中景是表现成年人膝盖以上部分或场景局部的画面。

近景是表现成年人胸部以上部分或物体局部的画面，突出视频角色神情和精神状态。特写是表现成年人肩部以上的头像或某些被摄对象细部的画面，集中精细地突出描绘某一事物。

③画面内容：根据文案内容（解说词）细致描述画面内容。

④对话：分镜头脚本中要写清楚台词，即表演中角色所说的话语。在分镜头

脚本中标记需要强调的重点文字，如时间、人名、地点等。配音内容中无法全面描述的内容，也可以通过字幕的形式展现在视频画面中。

⑤音乐和音效：在分镜头脚本中要体现想要的音乐和音效，比如用来创造身临其境的真实感，会用到现场的环境声、雷声、雨声、动物叫声等。

⑥镜头长度：注意把握视频时间节奏，在前期策划的时候对视频的配音风格要有一个想法。

（三）短视频的拍摄

1. 短视频拍摄设备

拍摄短视频，必须用到硬件设备，没有技术的支持是无法把富有创意的想法落实的。我们可以通过各种各样的设备来实现拍摄短视频的目标，但不同的设备拍出来的效果自然也是不同的，而且使用方法难易程度也不同。

①智能手机——入门"小白"的必备神器。随着移动互联网和智能手机的迅速发展，各种短视频平台的发展方向也受到了一定的影响，有的从电脑端转移到了移动端，有的则一开始就以移动端为主战场，准确把握了用户碎片化获取信息的要点。

现在很多网络视频，如社交平台上的短视频都是用智能手机拍摄的。由于智能手机自带拍摄视频的功能，而且又可以直接分享到社交平台上，实时查看发布的动态，从而检验自己作品的效果，所以通过智能手机拍摄短视频就成了大众的不二之选。

②运动相机——捕捉运动的精彩瞬间。运动相机小巧精致，可以称为口袋相机。GoPro 运动相机，配备了高清摄像头，采用双屏幕设计，后置屏幕可触控，支持 GPS 功能；另外增加了语音交互与视频直播功能，可通过语音指令操控；同时还支持在不佩戴防水壳的情况下完成部分水下拍摄。

闻道有先后，术业有专攻。即使运动相机在拍摄上没有单反相机那么专业，但也没差多少。运动相机更擅长运动时拍摄，保持视频 4K 高清画质的稳定性，具有专业的防抖性；同时还具有专业的防水功能，让水下拍摄更惬意。

用户可以把 GoPro 相机带到任何地方，并通过支架安装在头盔、滑板、自行车把手甚至是动物的肩背带上。这样做可以捕捉到第一人称视角（POV）的动作，而不是更加传统的观察角度。

③单反相机——业余人士的得力助手。随着新技术的不断应用，新品相机

的功能也日益强大，同时摄像功能也成功地被添加到单反相机中，因此越来越多的摄影爱好者把单反相机看作拍摄日常视频的得力助手。对于普通的摄影爱好者来说，单反相机是比较合适的选择，因为它性价比高，虽然价格可能比智能手机要贵，但画质相对而言还是要高。

④摄像机——专业设备拍出高水准。摄像机属于专业水平的视频拍摄工具，一般大型的团队和电视节目都要用到它。虽然它不像前面提到的设备那么轻易便携，但在视频呈现效果上，它要高出一级。

在使用摄像机拍摄视频之前，要做好相应的准备工作，因为是更加专业的视频拍摄，所以需要用到的辅助工具也很多。

摄影灯：它主要有两种供电类型，即直流供电和交流供电，这两种供电类型各有所长，也各有所短。直流供电方便，但时间短；交流供电持久，但需要借助电缆盘，不方便。

彩色监视器：它是用来保证拍摄画面的颜色不出差错的，可以提升视频的效果。三脚架：三脚架是防抖必备，其最大的特点是"稳"。拍摄视频最重要的是保持稳定，如果视频拍摄没有外出需求，尽可能选择重的三脚架，在同等价位中重一点儿的会更稳定。

⑤麦克风——动听音质引众人尖叫。不同的制作和场景需要不同的麦克风，从功用上看，麦克风可分为枪麦、领夹麦以及相机机头麦三类。

枪麦：当枪麦指向具体录音对象时，它不仅能拾取目标声源的声音，还可以捕捉到周围的环境声。拍摄视频时，可以尝试用它捕捉场景中的人物对白或声音细节。除此之外，它们也经常被用来捕捉拟音和房间声。

领夹麦：领夹麦是专门用来捕捉人物对白的选择。有线领夹式麦克风主要适合于演讲、舞台演出及电视、广播等不需要拍摄人员和机器移动的场合；无线领夹式麦克风可适用于大型流动会议、同期录音、影视制作、公众传播、户外演讲、授课讲学等场合。领夹麦具有体积小、重量轻的特点，可以轻易地隐藏在衬衫领下或外套下。

相机机头麦：专为单反相机视频拍摄而设计的麦克风，属于枪麦的特殊类型。这种麦克风可通过自带的3.5毫米接口的连接线与相机相连，可轻松将拾取的声音直接与画面同步，更加符合低预算、小制作的短视频的拾音需求。

⑥轨道车——在移动中拍出大片效果。摄像机轨道车也是拍摄视频时可以

用到的辅助工具，特别是在拍摄外景、动态场景时，轨道车就显得必不可少了。实际上，根据拍摄场景的需要，轨道车还分为多种类型，如非载人电动滑轨、便携式载人轨道车、匀速电动轨道车及脚踏电动轨道车等。

⑦无人机——从不同的角度看世界。随着无人机技术的迅速发展，以及出于摄影、摄像等方面的需要，航拍无人机已经成为拍摄某些特殊场景时必不可少的工具。

航拍无人机的体积不大，一般来说是由无线电遥控设备或机载计算机程控系统进行操控的。无人机航拍的效果通常都是比较气派的，给人一种气势恢宏的感觉。

2. 短视频录制参数设置

（1）分辨率——清晰度。视频分辨率是用于度量图像内数据量多少的一个参数，通常表示成 PPI（每英寸像素）。视频分辨率实际是指图片的分辨率，一个视频是由无数的具有相同分辨率的图片组成的，分辨率大小决定了视频清晰度，分辨率越高，视频质量也就越高，但同时视频流的码率就会越大，给网络传输和终端播放带去越大的压力。

一般来说，短视频的记录尺寸用 1920 像素 ×1080 像素，或者小一点儿 1280 像素 ×720 像素都可以，传到视频平台都可以达到超清的效果。

（2）帧速率——流畅度。帧速率是指每秒钟刷新图片的帧数，也就是一系列图片在屏幕上的显示速度（以帧/秒为单位）。在拍摄视频之前，首先是选择视频制式，这其中就包含了对帧速率的选择。目前可供选择的视频制式主要有两种：

PAL 制式：50 帧/秒作为 720P 高清视频的标准速率，25 帧/秒作为广电标准帧速率，是欧洲等国家（地区）的视频标准。NTSC 制式：60 帧/秒作为 720P 高清视频的标准速率，30 帧/秒作为广电标准帧速率，是美国等国家（地区）的视频标准。

由帧速率的定义可知，帧速率越高，视频就会越清晰，相应地，占用的内存也会越大。一般短视频可以设置帧速率为 24 帧/秒，也就是一秒钟记录 24 个画面，电影一般采用这个帧速率，因为它非常符合人眼的视觉残留规律。若设置 60 帧、120 帧，则可以拍出慢动作的效果。

（3）压缩方式——怎样做到更优。视频压缩是拍摄视频都会用到的手段，因为视频文件的体积比较大，而且不同的设备使用的压缩方式还有差别。在拍摄视频时，通常会涉及两种压缩编码：一种是拍摄视频和录制音频时使用的压缩编码；另一种是后期的压缩编码，用于采集和编辑视频文件。

选择好的编码方式对于视频、音频而言相当重要，毕竟保持质量和体积的相对平衡不是那么容易做到的。既要求视频的画面清晰，又要求不能占据太大的空间，就需要对编码方式进行谨慎的正确选择。

（四）剪辑新媒体短视频

短视频素材拍摄、录制完成后，就要对其进行后期处理了，后期处理需要用到专业的后期剪辑软件，同时还要进行短视频的合并、剪切，为短视频添加字幕、背景音乐、滤镜、转场等效果。后期剪辑制作的好与坏直接决定着短视频制作作品的质量，更专业的后期制作会让短视频更加吸引人，更加打动用户的内心。

1. 视频后期剪辑软件

短视频制作并不是一蹴而就的，要想打造出史诗级的作品，就必须千锤百炼。光是拍好了短视频，还不能马上进行推广和宣传，只有经过了后期的制作和打磨，才能实现理想中的完美的视频效果。

（1）移动端的视频加工法宝。随着短视频的发展，各种短视频后期制作应用层出不穷，争相斗艳，各具特色。

①《小影》——强大特效打造与众不同的风格。《小影》App 是一款集手机视频拍摄与视频编辑功能于一身的软件。《小影》App 的用户以"90 后""00 后"居多，该软件因视频拍摄风格多样、特效众多，且视频拍摄没有时间限制而受到众多人的追捧。

《小影》App 最大特色是即拍即停。除了可以在拍摄时使用大量精美滤镜外，还有"自拍美颜""高清相机""音乐视频"拍摄模式，更有九宫格辅助线帮助用户完成电影级的手机视频拍摄。

②《乐秀》——系统专业的功能炼就惊人作品。《乐秀》App 是一款视频编辑器，它界面干净简洁，操作简单，是一款强大的手机视频后期处理 App。

《乐秀》App 不仅可以将图片制作成视频，对视频进行编辑，还能将图片和视频合成视频，几乎包含了所有视频编辑器应该有的功能，堪称全能。

③ FilmoraGo——颜值与实力并存的个性化工具。FilmoraGo App 是一款专注于视频后期编辑的手机软件，号称颜值与实力并存。

它最大的特色就是简单、免费、无广告，而且视频时间长度没有限制，有少量个性主题可供选择。

· 133 ·

④《巧影》——细致入微完善人性化制作界面。《巧影》App 是一款软件视频后期处理软件，它的主要功能有视频剪辑、视频图像处理和视频文本处理等。

除了对手机视频的常规编辑之外，《巧影》App 还有视频动画贴纸、各色视频主题，以及多样的过渡效果等，能使手机视频的后期处理更上一层楼。

⑤ KineMix——简洁界面赢得众星捧月般的支持。KineMix 视频剪辑器 App 操作十分简单，手机简单划上几下就能完成短视频后期制作。它的界面干净文艺，看一眼就能让人心生欢喜，所以被众多爱好文艺的短视频后期处理者推荐。

KineMix 视频剪辑器 App 能够录制短视频，其视频后期编辑功能主要侧重于视频音效添加，有针对性。

（2）电脑端的视频剪辑帮手。

① Adobe Premiere（简称 Pr）——专业水准，应用广泛。Pr 是视频编辑爱好者和专业人士必不可少的视频编辑工具。它可以提升您的创作能力和创作自由度，它是易学、高效、精确的视频剪辑软件。

②《会声会影》——功能全面，新手必备。《会声会影》主要的特点是：操作简单，适合家庭日常使用，有完整的影片编辑流程解决方案，从拍摄到分享，处理速度加倍。

③《爱剪辑》——全能免费，大众审美。更符合中国用户的使用习惯与功能需求，让一切都还原到最直观易懂的剪辑方式，更多人性化的设置，更少纠结的复杂交互。

作为一款革旧鼎新的视频剪辑软件，《爱剪辑》创新的人性化界面令爱粉们不仅能够快速上手视频剪辑，无须花费大量的时间学习，且《爱剪辑》超乎寻常的启动速度、运行速度也使爱粉们在视频剪辑过程中更加得心应手，剪辑更加快速。

2. 短视频的后期制作

此处以《爱剪辑》为例，为大家介绍短视频的后期制作。

（1）快速添加视频。在软件主界面顶部点击"视频"选项卡，在视频列表下方点击"添加视频"按钮，或者双击面板下方"已添加片段"列表的"双击此处添加视频"文字提示，即可快速添加视频。使用这两种方法添加视频时，均可在弹出的文件选择框里对要添加的视频进行预览，然后选择导入即可。

（2）自由剪辑视频片段，精准逐帧踩点。在主界面右上角预览框的时间进度条上，点击向下凸起的向下箭头（快捷键"Ctrl+E"），打开"创新式时间轴"面板，并结合"音频波形图"和"超级剪刀手"精准逐帧踩点，可一键分割剪辑视频。

（3）添加音频。添加视频后，在"音频"面板点击"添加音频"按钮，在弹出的下拉框中，根据自己的需要选择"添加音效"或"添加背景音乐"，即可快速为要剪辑的视频配上背景音乐或相得益彰的音效。

同时，《爱剪辑》还支持提取视频的音频，作为台词或背景音乐。并可实时预览视频画面，方便快速提取视频中某部分的声音（比如某句台词）。

（4）为视频添加好莱坞级别的酷炫字幕特效。剪辑视频时，我们可能需要为视频加字幕，使剪辑的视频表达情感或叙事更直接。《爱剪辑》除了为爱粉们提供不胜枚举的常见字幕特效，以及沙砾飞舞、缤纷秋叶、气泡飘过、墨迹扩散、风中音符等大量颇具特色的好莱坞高级特效外，还能通过"特效参数"栏目的个性化设置，实现更多特色字幕特效，让爱粉们发挥创意不再受限于技能和时间，轻松制作好莱坞大片范的视频作品。

在"字幕特效"面板右上角视频预览框中，将时间进度条定位到要添加字幕的时间点，双击视频预览框，在弹出的对话框中输入字幕内容，然后在左侧字幕特效列表中应用喜欢的字幕特效即可。

（5）为视频添加转场特效。恰到好处的转场特效能够使不同场景之间的视频片段过渡更加自然，并能实现一些特殊的视觉效果。《爱剪辑》提供了数百种转场特效，使创意发挥更加自由和简单。导入视频后，我们按照如下步骤操作即可：

①为视频片段应用转场特效。如果需要在两个视频片段之间添加转场特效，那我们选中位于后位的视频片段为其应用转场特效即可。譬如，如果需要在视频片段A（前）和视频片段B（后）之间添加转场特效，那我们的操作如下：

在"转场特效"面板底部"已添加片段"列表中，选中视频片段B。

在转场特效列表中，选择需要应用的转场特效。《爱剪辑》准备了数百种更具视觉美感的转场特效，让我们实现诸多常见或特殊的转场变得更加简单。譬如，转场特效列表中的"变亮式淡入淡出""变暗式淡入淡出""透明式淡入淡出"即我们在视频剪辑中常用的"闪白"、"闪黑"和"叠化"。《爱剪辑》为爱粉们提供的这些效果不仅好看，而且应用起来更加简单快速，无须进行复杂设置，一键应用即可。

在效果列表右侧"转场设置"栏目中的"转场特效时长"处设置转场持续时长，然后点击"应用/修改"按钮即可。另外，由于《爱剪辑》提供的转场特效非常多，为了方便爱粉们快速定位转场特效，我们还可以通过"搜索转场名称"功能，快速搜索转场特效。

②修改设置好的转场特效。

在"已添加片段"中，鼠标左键选中要为其修改转场特效的视频片段。

在《爱剪辑》主界面顶部点击"转场特效"，在转场特效列表中，我们会看到应用的转场特效前已经打勾。如需应用其他转场特效，直接双击其他转场特效即可。

对右侧的"转场设置"进行修改，然后点击底部的"应用/修改"按钮即可。

③删除设置好的转场特效。

在"已添加片段"中，鼠标左键选中要删除的转场特效所应用的视频片段。

在《爱剪辑》主界面顶部点击"转场特效"，在转场特效列表中，我们会看到应用的转场特效前已经打勾。

在右侧"转场设置"栏目底部，点击"删除转场"按钮即可。

（6）导出高清视频。将特效应用得恰如其分，令视频更具美感和大片范后，即可一键导出了。导出视频时，如果原片清晰度足够，记得选择导出720P或1080P 的 MP4 或 AVI 格式，并将比特率调至 3500 k/s 以上。不要因为不恰当的设置造成"渣"画质，浪费了这么多的酷炫特效。

3. 短视频的校对

当我们完成短视频的制作后，要进行画面、素材、字幕等各方面的短视频校对工作，确保短视频是按照自己的预期进行制作的。最大限度消除短视频中的文字差错，对短视频字幕中的错字、别字进行筛选，检查是否有字幕读音不统一、没有根据语言规范及时更新、上下文不统一等情况；以及根据各大短视频平台发文规范，校对短视频。确保短视频中没有错误，是短视频上线前的最后一项工作，如果出现问题，需要进行更正，让用户看到没有错误的短视频是新媒体编辑应尽的义务。

第四章 新媒体背景下出版编辑力的提升

第一节 出版编辑能力及其在出版工作中的地位

目前对于出版编辑力的研究，学者大多是以编辑个体角度来研究的，侧重的是编辑个体的技能方面，不同的研究者切入的视角有所不同、着眼的层面有高低之别，得出的结论就会不同。本文在此基础上提出对于出版编辑力的研究要从编辑个体、编辑团队和出版机构三个层面来探讨，不应仅仅指编辑个体。因此，对于出版编辑力的基本构成也是以这三个层面来展开。出版编辑力的基本构成是以编辑工作流程为基础，有策划力、组织力、审读力、选择力和加工力。

一、出版编辑力的概念

对于出版编辑力的研究，目前尚处于初级阶段，出版编辑力的概念也并没有一个全面的、得到大家公认的定义。探讨和研究出版编辑力的概念，可以使编辑人员正确并深入地理解其内涵，继而帮助编辑人员提升自身综合素质，编辑团队和出版机构也能够正确掌握发展方向。因此，对于出版编辑力概念的研究是非常必要的。

（一）出版编辑力的内涵

在数字时代，编辑的工作内容有了许多变化，编辑个人、编辑团队和出版机构都面临着新的挑战。因此对于出版编辑力概念的研究是非常迫切的。

日本著名出版人鹫尾贤也所著的《编辑力——从创意、策划到人际关系》（2007）用简单的语言从自身从业几十年的经验例子来讲述编辑力，在这本书中可以得出，编辑力的内涵包括整合力、组织力、企划力等等。台湾资深总编周浩正的《优秀编辑的四门必修课：一位资深总编的来信》（2008），重点讨论了编辑人的经营能力、创新角色和思想修炼。总结了优秀编辑的基本素质：文字的高手（编辑力）、伟大的沟通者（经营力）、杰出的推销员（经营力）、优秀的创新家（创新力）、勤奋的思想者（思想力）。徐庆新的《传播视野中编辑力的作用》（2009）重点对编辑概念、编辑力的使用需求、编辑力在具体传播中的作用、编辑力的发展变化以及编辑力与传播效果的关系等方面进行了论述。李军领的《编辑力"五力模型"试探》（2011）一文中提出所谓编辑力，就是编辑人员在编辑工作情境中运用自身的眼光、素养、知识、专业技能等，进行稿件策划、组织、审读、选择、加工等创造性活动，以实现编辑工作目的的能力。编辑力是一种创造力，更是一种核心竞争力。

综上所述，可以看出对于出版编辑力概念的总结大多是从编辑个人角度来得出的，笔者认为对于出版编辑力的概念应该从编辑个体、编辑团队和出版机构三个层面来分析，不应仅仅局限于编辑个体，出版编辑力反映的是编辑个人、编辑团队和出版机构的整体能力。对于编辑个体而言，出版编辑力是编辑人员综合能力的体现，从前期的选题策划到后期的发行营销，出版编辑力体现在编辑工作的每个环节中。对于编辑团队和出版机构而言，出版编辑力可以说是其核心竞争力。

出版编辑力可以通过出版物和出版机构的整体实力反映出来。

（二）出版编辑力的特征

在出版工作中，出版编辑力体现出了自身的特征。首先是它的导向性，出版物是精神文化产品，有着传播正确价值观和知识的作用，因此出版编辑力的导向性就主要体现在对于稿件的选择和判断方面。出版编辑力的导向性受到出版价值以及出版政策方面的制约。编辑人员、编辑团队和出版机构作为先进文化的传播者，要坚持正确的文化传播方向，增强导向意识、责任意识，对稿件进行严格把关。只有这样，才能在市场竞争环境下不会迷失方向，缺失社会责任感，才能够谋得长远的发展。其次，出版编辑力有它的隐蔽性，出版编辑力是一种内在的、起支持作用的东西。很难说编辑力能具化为何物，只能说出版编辑力能够通过出版物和出版机构的整体实力反映出来。最后是它的协同性，出版工作的特性要求编辑人员需要与同事、作者甚至读者进行沟通交流及合作，编辑团队需要协调整个团队，调动编辑团队的积极性，出版机构则需要为出版工作的正常运行提供了各方面的保障和支持，出版编辑力的协同性在这三个层面上都得到了体现。出版编辑力贯穿出版工作的整个过程，不能单单将出版编辑力作为编辑个人在进行编辑工作中所体现出的素质，出版编辑力体现在出版工作的每个环节中，出版编辑力应从编辑个体、编辑团队和出版机构三个层面来探讨。

二、出版编辑力的基本构成

编辑工作在出版工作中处于核心地位，因此本文中关于出版编辑力的基本构成是按照编辑工作流程提出的，探讨出版编辑力的基本构成也是为了能够帮助编辑人员、编辑团队和出版机构更好地理解出版编辑力，从而更好地提升出版编辑力。

（一）编辑策划力

编辑策划力对于编辑人员和编辑团队来讲是指依据一定的编辑工作目的，酝酿、提出、筛选以致最后确定选题的谋划能力。编辑策划力是出版编辑力的核心要素，是编辑人员和编辑团队经过构思、筛选到最后提出有效的选题的谋划能力。优秀的编辑策划力是编辑团队和出版机构的核心优势。编辑策划力可以实现对丰富出版资源的整合，放大策划效应，使得编辑团队和出版机构在激烈的市场竞争中保持优势。策划力的形成需要良好的策划氛围，因此出版机构要建立和营造良好的策划氛围，就需要建立责、权、利相结合的选题策划、实施机制及选题论证制度。

数字时代背景下编辑个人、编辑团队和出版机构的编辑策划力也发生了新的变化。首先是策划的范围已经从传统的领域大大延伸，比如在作者资源方面，由之前的物色作者向发现、培养和开发作者转变。这是由于作者并不一定了解市场和读者的需求，在经过编辑的培养和引导下，作者才能创作出更能满足读者需求的作品。其次，策划的过程已经由阶段性策划向全程策划转变，这一点主要是针对编辑人员而言。优秀的出版编辑不仅仅是要加工稿件、修改文字，还需要了解读者的需求，定价、印张等方面。第三，策划的模式已从单一的文本策划转向立体的市场推广策划，在选题策划中植入市场要素，实现了与市场的对接。编辑与发行人员共同配合，研究市场，分析读者需求，制定出更能满足读者需求的市场推广计划。第四，策划的介质已由单一的纸质策划向全媒体策划转变，出版机构在进行纸介质策划的同时，还策划了衍生产品和周边产品，在对出版物的宣传策划中也开始重视对新媒体的利用，将传统纸质媒体与新媒体结合起来。

（二）编辑组织力

编辑组织力对于编辑人员来讲主要体现在组稿环节中，即编辑人员根据选题策划方案发现、选择、组织作者完成作品创作的活动。对于编辑团队和出版机构来讲，组织力主要是指在组稿活动中协调团队进行编辑工作。组织力对编辑人员的人际交往能力和组织协调能力有较高的要求。组稿环节的主要任务是落实作者。编辑要建立一个作者资源库，对作者的学术方向、写作水平等都有清晰的了解，因为作者选择的合适与否对于选题的成功有着关键作用。选择了合适的作者，就要通过一定的方式向其约稿，并与之进行充分的沟通。日本编辑出版家鹫尾贤也曾专门提出"人际交往论"，指出："编辑就像硬盘，如何拥有丰富的优秀软件，决定一个编辑的价值，编辑必须拥有许多在关键时刻可以变成重要软件的作者人脉。"

编辑组织力对于编辑团队和出版机构而言是需要营造良好的工作氛围，调动团队的积极性，打造和谐高效率的编辑队伍。尤其是在组织一本多人参与或多人参与一套或一个系列图书编写时，需要做好大量的安排和协调工作。比如中国建筑工业出版社的《建筑设计资料集》（第三版）修订，100多家单位近2000多人参与；国家重大出版工程《中国古建筑丛书》（28卷），300多位专家作者参与，编辑团队和出版机构需要进行大量的组织工作。大型图书是一个团队在工作，能团结和安排好各个编辑的工作，发挥各自的作用是非常重要的。在整个出版过程中，从选题、审稿、排版、校对、印制到营销推广，都有组织协调工作。没有较强的组织力，很难保证内容、进度的协调与统一。良好的编辑组织力能够有计划、有步骤和有效地推进出版工作的实施，能够组织召开好每次会议，能够及时解决在实施过程中遇到的矛盾和困难。

（三）编辑审读力

所谓编辑审读力，即对稿件进行审读、评价，决定取舍，并对需要修改的稿件提出修改要求和建议的能力。审读力主要体现在审稿环节中，侧重于考虑稿件的取舍、出版价值的考虑以及修改加工的问题。审稿环节关系到稿件的命运、稿件的质量，是保证精神文化产品质量、满足社会文化需求的重要环节，也是对稿件进行加工的前提条件，因此在出版工作中具有重要的地位。编辑人员、编辑团队和出版机构需要对所有稿件进行审核，根据自身的知识水平、判断能力以及出版社的特色需要、市场前景等来判断稿件是否有出版的价值，从稿件的政治、学术、文字等方面判断是否达到出版的要求。对于具有出版价值且基本达到出版标准的稿件，可接受出版；对于具有出版价值但尚未达到出版标准的稿件，则在基本肯定的基础上，提出修改或补充意见。编辑审读力考验着编辑人员对于稿件的评估及判断能力，也考验着出版机构高层管理人员对市场的预测等综合能力。

（四）编辑选择力

所谓编辑选择力，即在作出准确评价的基础上对审读过的稿件进行取舍的能力。编辑人员、编辑团队和出版机构选择稿件是在审稿环节的基础上进行的，需要决定稿件的取舍，根据稿件的质量、结构、稿件是否符合出版方针、市场需求的原则进行选择。从编辑个人角度而言，编辑选择力主要体现在对于稿件的选择上。从编辑团队和出版机构的角度来看，编辑选择力还表现在宏观层面，主要是从对用户需求的出发，基于对市场的预测，对于出版机构的发展方向及战略方面的选择。

选择力和审读力都是需要对稿件进行取舍，其区别是在审稿环节，对于稿件是评定判断，有些稿件具有出版价值，符合出版方针政策，但不完全达到出版标准，这类稿件仍需修改，并未舍弃；而选择稿件时则是决定稿件的要还是不要，没有再修改的环节。编辑人员、编辑团队和出版机构需要对站在读者、市场的角度，对于稿件进行全面的分析和评断，并最终得出结论。编辑人员、编辑团队和出版机构自身的综合素质、综合实力以及对书稿价值的判断等是编辑选择力形成的基础。编辑选择力对于保证出版物内容的学术价值、文化价值有着重要的作用。

（五）编辑加工力

所谓编辑加工力，主要是对已决定采用的稿件进行修改润饰和规范化处理的能力。编辑加工力，包括文字规范能力、写作能力、图片处理能力、装帧设计能力等。编辑加工力主要是从编辑个体角度来考虑，加工力是核心的编辑力。编辑加工整理是在审稿的基础上进行的，是编辑工作环节中重要的一项，对于保证出版物质量有着举足轻重的作用。编辑加工是一项极其繁琐的过程，需要对达到出版标准的稿件进行文字、结构等各个方面的修改、润色。而审稿与加工的区别则在于，审稿是要对稿件提出修改意见，判定稿件的取舍，是从大处着眼；加工则是要在原稿的基础上对稿件进行精雕细琢以提高稿件的质量，是要解决很多具体的问题。除了对稿件的内容和结构进行修改之外，稿件的字句、标点、图片等很多琐碎具体的问题都需要编辑人员负责。加工稿件需要编辑人员具备较高的素质，并以严谨的态度来对待，一丝不苟，精益求精。加工力是编辑人员基本职业素养的具体体现，是编辑人员发挥创造性、主动性的编辑工作环节，也是显示编辑人员功力的地方。编辑人员不仅要规范、整理、提高作者的稿件，还要自己动手撰写各种辅文。

出版编辑力基本构成中的每一项要素都是相互关联的，在出版流程中呈现出一定的次序性。编辑力基本构成要素体现出的次序性就决定了对于编辑力的研究要考虑其整体性，各要素要保持平衡，倾向于任何一要素，打破这个平衡度就有可能会有损于整个出版编辑力。出版编辑力构成的五个要素并没有轻重之分，每个要素在出版编辑力中都是必不可少的，不可偏废的。缺少任何一个要素，出版编辑力的构成就不完整，就不能全面的理解出版编辑力的概念。这就需要在研究出版编辑力的过程中全面考虑，不可偏废任何一个要素。但是，出版编辑力构成的五要素中虽无轻重之分，但却在层次方面有着不同。五要素中策划力和组织力属于宏观层面的，在出版编辑力中处于核心地位；审读力和选择力属于中观层面的，侧重于对稿件的审读和选择，在出版编辑力中有着重要地位；加工力则是属于微观层面的，体现的是编辑个体的编辑技能，加工力是出版编辑力中的基础要素。理清出版编辑力构成的五要素之间的关系能够让编辑个体、编辑团队和出版机构更好地理解和提升出版编辑力。

三、出版编辑力在出版工作中的地位

出版编辑力是出版机构的核心竞争力，编辑团队的重要生产力，编辑个人职业能力的体现。出版编辑力在出版工作中举足轻重的地位是因为编辑工作在出版工作环节中处于核心地位，出版物是编辑个人、编辑团队和整个出版机构辛苦工作的结晶，出版物质量优劣决定着编辑个人的综合能力、编辑团队和出版机构的整体实力。因此，在数字时代更应该重视出版编辑力在出版工作中的地位，加强对出版编辑力的提升。

（一）出版机构的核心竞争力

编辑力是出版机构的核心竞争力，主要是因为编辑工作在出版工作环节中处于核心地位，出版物是编辑工作的结晶，出版物质量的优劣直接决定着出版机构的社会效益和经济效益。而编辑工作对出版物的质量有着直接的影响，因此，编辑力是出版机构的核心竞争力。具体来说，出版机构的各项工作都是围绕编辑工作来展开的，都是以编辑工作为基础和中心来实行的。各项有关出版物的具体事务都是以选题策划所制定的计划来落实的，例如在出版物的印刷工作中，编辑需要为排版、制版、印刷和装订等工作提供基础材料并指导其工作。这些环节的工作质量在一定意义上可以说与编辑人员相关，编辑人员对于计划安排的规范性、稿件的完整性，印刷相关工作程序的了解都直接影响着出版物的质量。在出版物

的营销发行环节中，也同样需要编辑人员的参与，因为编辑人员对于稿件是最为熟悉的，从稿件的写作背景、主题内容、受众对象到读者的需求，编辑人员可以为发行部门的同事提出可参考性强的建议。因此，在出版工作的整个流程中，编辑人员需要配合各部门的具体工作的展开，为其提供相关材料和建议，编辑人员在出版机构的工作人员中处于核心人员，编辑人员的职业能力对于出版物的质量，出版机构的竞争力都有着直接的影响，而编辑力体现了编辑人员综合能力，所以可以说编辑力是出版机构的核心竞争力。

（二）编辑团队的重要生产力

编辑工作是出版工作中的核心，编辑工作直接决定了出版物的质量水平，而出版物质量水平的高低又决定着出版机构的经济效益。因此，可以说出版编辑力是编辑团队的重要生产力。编辑团队的工作效率以及对出版物整体方案的拟定等都直接影响着出版物的质量。正是从这种意义上讲，编辑工作是出版物质量的主要保证。

出版效益包括社会效益和经济效益，是出版业赖以生存和发展的根本条件，它的好坏主要取决于编辑工作质量的高低。社会效益主要取决于出版物的内容质量，而出版物的内容质量如何，在很大程度上是由编辑工作决定的。编辑工作中的各个环节，包括选题策划、组稿、审稿、编辑加工整理等，都对出版物质量的提升起着重要作用。出版物质量高，就能推动社会的进步与发展，整个出版活动就能取得良好的社会效益。经济效益取决于很多因素，而其中十分重要的一个因素就是出版物发行量。发行量能否提高，固然与发行工作直接相关，但从根本上说，出版物的内容切合消费者的需要是提高发行量的基础。只有通过编辑的劳动，才能生产出切合消费者需要的出版物，从而为发行量的提高打下良好的基础。可见，无论从社会效益层面还是经济效益层面考察，编辑工作在提高出版效益中的重要地位都是显而易见的。

（三）编辑人员的职业能力

出版业属于文化产业，对于知识含量要求高，编辑人员是出版机构的主要人力资源，编辑个体的编辑力如何将决定整个编辑团队和出版机构的工作效率与社会影响。出版编辑力对于编辑个人而言，体现了编辑人员的综合素质，具体表现在出版工作中就是编辑人员能否结识到好的作者，能否得到好的稿件，能否加工完善好原稿并且顺利地实施出版计划，是对一个编辑人员工作能力的主要考验。

编辑力体现在编辑工作的整个环节,从前期的选题策划到后期的发行营销,编辑力都贯穿其中,从某方面也可以说编辑力反映着编辑人员的工作能力。

出版编辑力由编辑策划力、编辑组织力、编辑审读力、编辑选择力和编辑加工力构成。对于编辑人员来讲,编辑策划力是指经过构思、筛选到最后提出有效选题的谋划能力。编辑组织力则体现在组稿环节中,根据选题策划方案发现、选择并组织作者完成作品的活动,组织力对于编辑人员的人际交往能力和组织协调能力有较高的要求。编辑审读力和选择力是指编辑人员对于稿件的判断和选择。编辑加工力则是对于选用的稿件进行修改润饰和规范化处理的能力。这些都反映了编辑人员职业能力。

因此可以说,出版编辑力是编辑人员职业能力的主要标志。

第二节 新媒体背景下数字时代出版编辑工作的发展趋势

当前,中国出版业正在经历数字化转型。但是这并不意味着就要抛弃传统出版,纯粹的进行数字化出版。现在是传统出版与数字出版相并存的时代。在转型过程中,传统出版业普遍都有着强烈的危机感和紧迫感。数字出版对传统出版业来说,既带来了难得的历史机遇,也提出了前所未有的挑战。

编辑工作是出版工作中最重要的环节,而编辑工作的好坏直接决定着出版物的质量,出版机构在市场上的竞争力。出版编辑力体现着编辑人员的综合能力,编辑团队和出版机构的整体实力,因此,出版编辑力在出版工作中有着举足轻重的地位。数字时代对出版编辑力提出了新的要求,赋予了新的内涵,在数字时代,产品创新能力、资源整合能力和跨界扩张能力的重要性凸显出来。因此,编辑人员、编辑团队和出版机构应该重视对出版编辑力的提升,以适应数字时代出版业发展的需要。

一、数字时代出版工作的特征

数字时代的出版工作与传统出版工作不同的是,数字时代出版工作呈现出内容生产数字化、管理过程信息化、产品形态多媒体化和传播渠道网络化的特征。

理解数字时代出版工作的特征,能够更好地满足数字时代出版工作的要求。

(一)内容生产数字化

内容生产数字化指的是在精神产品生产阶段要采用各种数字化技术手段，使产品在内容和形式上的所有信息都以二进制数字编码的形式记载在相应的存储设备中。数字出版产品都是具有一定的数字文件格式，当前我国的数字出版产品格式还不统一。国际上通用的处理方法，是利用"可扩展标记语言"进行标引。数字时代出版产品的内容生产整个过程都是使用数字化技术手段和数字化设备进行的，而传统出版产品的内容生产过程中也会使用到数字化的先进设备，但是最终呈现的介质是纸质，因此，并不会对内容进行数字化制作和存储。数字时代出版产品的表现载体是电脑、手机、电子阅读器、ipad 等终端设备，因此，内容生产的数字化是必然的，这样能够直接应用于电子终端设备上，不需要再进行格式的转换，减少不必要的流程。所以说，内容生产数字化是数字时代出版工作的一大特点。

(二)管理过程信息化

数字时代出版工作的过程也是数字出版物的设计、组织、优化的过程，通过管理活动的流程化、网络化和数字化，可以满足信息资源在加工流程、产品标准、质量管理、工作量计量、产品可观测性等生产活动方面的特殊需求。使用全数字化的信息管理系统，把各个出版项目中各个方面的信息及时进行整理、规制、存档并动态更新，从而让管理者随时随地协调和控制各个出版项目的进程，确保产品的质量。通过信息资源的深入开发和广泛利用，可以不断提高生产、经营、管理、决策的效率和水平，进而提高出版机构经济效益和竞争力的过程。出版管理过程的信息化可以概括为三个方面：出版管理信息化（办公自动化、管理网络化、决策智能化），出版资源信息化（出版资源数字化），商务信息化。

激烈的市场竞争中，高效率和高质量的工作是立于不败之地的保障。管理过程的信息化对图书的整个生产过程实行流程管理，对各个环节进行有效的监控，摆脱了原有制度中的卡片制作、数据计算、报表填写等烦琐的手工劳动，只需要点击界面就可以进入实时状态，看到工作流程，使管理灵活、敏捷并且透明，可以节省信息不流通造成的时间效率的浪费，极大地提高出版工作效率和现代化管理水平，提高工作积极性。管理过程的信息化的另外一个表现就是建立出版机构自身的网站，建立完善的网上电子交易系统等一系列的技术手段，这样可以提高对出版产品的开发能力和客户关系管理水平，从而拓展销售渠道。信息化的管理可以充分向读者展示企业自身的形象,并且发布出版信息,随时将出版机构的图书信息传递给广大读者,建立有效的反馈机制,加强与读者的沟通,便于工作人员及时地了解市场。

(三)产品形态多媒体化

数字出版产品内容载体中的记录,都是采用对原有信息新号进行处理后形成的二进制编码数字流,而这些产品的使用,都需要通过一定的解码设备将数字流转换成人可以感知的文字、符号、图形、图像、声音等信息信号。数字出版产品的载体呈现出多媒体化特征,比如网络、手机、电子阅读器以及 iPad 等都是数字出版产品的表现载体,而传统出版产品则是纸质载体。因此,在数字时代,编辑工作内容也有了新的变化,这就需要编辑人员运用数字技术设计出符合数字出版特征的产品,并且对编辑内容进行数字化处理。编辑人员在编辑工作中还要根据不同载体的不同特点,对内容进行二次制作,创作出适合不同媒体特点的内容产品,满足读者的不同需求。仅仅复制纸质出版物的内容到多媒体载体上,这样会引起内容的同质化和表现形式的呆板。

所以,数字时代的编辑工作变得更为复杂,对于编辑人员的要求也就更高。编辑人员学习数字出版相关技术提升出版编辑力,并将数字出版思维贯穿到每个出版工作环节中,这样才能真正意义上做到数字化出版,以满足数字化出版的要求。

(四)传播渠道网络化

在数字时代的出版工作中,只要通过一定的信息网络系统就可以实现出版物的传播。而在传统出版中,传播渠道和方式只能通过纸质出版物的传播来实现。通过对传统出版和数字出版产品的对比可以发现,传统出版产品的传播渠道速度慢,并且传播成本高,而数字出版产品在传播渠道方面,就更快速便捷,传播成本也相对低。传统出版产品的传播途径需要通过仓储、分拣、包装并进行交通运输等流程才能够实现对出版产品的传播。传统出版产品的传播需要耗费大量的人力和物力,就使得出版产品的成本增加,这样也不利于出版产品的销售盈利。数字出版产品的传播途径主要包括有线互联网、无线通信网和卫星网络等。数字内容投送平台也已经形成了包括电信运营商型、技术服务型、文学创作型、互联网门户或信息服务型,以及电子商务型五大平台。平台的实施,方便读者在平台上找到自己喜欢的产品,内容平台的打造可以将数字出版产品集结一起,为每一位读者提供丰富的服务。

数字时代传播渠道的网络化对读者和出版商都是有利的。读者可以自行搜索下载喜欢的产品，方便快捷。出版商也可以节省运输发行的成本，仓储、分拣以及包装的成本也可以省掉，这样就能够降低出版产品成本，从而增加盈利。

二、数字时代出版编辑力的新内涵

数字时代对传统出版提出新的要求，同时对出版编辑力也赋予了新的内涵。互联网的发展，出版物载体的多样化，出版市场越来越激烈的竞争等都要求着出版工作人员应该顺应时代的发展，不断地学习新的知识和技术，以适应数字出版的新要求。出版机构要想在激烈的市场中不被淘汰，就需要不断地创新，开发新的产品，探索新的发展之路。互联网的发展，新媒体的广泛应用，使得编辑人员在选题策划时要实现跨界整合，跨界整合出版则要求编辑人员提高自身的跨媒体选题策划和运营整合能力。

（一）产品创新能力

编辑工作是知识创造性劳动，编辑工作的劳动成果出版物属于精神产品。编辑人员作为出版工作的核心人物，编辑团体和出版机构作为推动社会精神文明发展的重要力量，必须走在科学知识的最前沿，成为勇于创新的实践者。

在数字时代的背景下，编辑人员的创新能力主要表现为敢于尝试新的事物，具备创新意识和创新思维，利用新媒体和数字技术，生产出满足读者需求的出版物。对编辑团队和出版机构而言，创新主要表现在打破传统的出版模式，转变经营观念，探索出在数字时代适合发展的新道路。无论是传统时代还是在数字时代，对传统媒体和新媒体而言，创新一直都是企业的生命力，创新也就意味着在激烈的市场竞争中不会被淘汰。对编辑个人来说，创新主要表现在出版物的创新，包括内容和形式两方面。在数字网络时代，信息无处不在，编辑人员需要判别有价值的信息，并且随着网络和移动终端设备的发展，人们的阅读方式已经慢慢发生了变化，对于数字化阅读的需求在上升，面对读者的多元化需求，编辑人员只有不断推陈出新，才能够满足读者的多元化需求。出版物在内容上如果既有文字又有图片，动静结合，或者有新颖的版式和封面，都是一种创新。这就需要编辑人员具有创新意识和创新思维，在遇到新事物时能够快速接受并可以灵活的掌握应用。编辑团队和出版机构的创新除了体现在出版物的创新之外，还有企业战略选择的创新。从编辑团队和出版机构来看，竞争的加剧要求出版机构必须提高综合竞争实力。综合实力的高低决定着出版机构生存与发展。在这个创新时代，要想求得生存发展空间，就必须提高核心竞争力，就必须不断创新。出版机构需要根据形势的变化，合理地调整和转变经营策略以适应新形势的发展需要。数字时代出版业竞争的加剧，对于出版机构而言，只有不断地创新，才能够在出版市场中立于不败之地。

（二）资源整合能力

整合就是将零散的要素组合在一起，并最终形成有价值、有效率的整体。资源整合能力主要是指内容资源方面的整合，既可以是对相似内容的整合，还可以是对现有内容的整合再用，在此基础上开发出新的产品，使之呈现出新的特点来吸引读者。与传统时代不同的是，数字时代读者的数字化阅读需求在上升，通过对现有资源的整合再利用，创造出更能够满足当代读者需求的新产品，使内容资源发挥出最大价值。因此，资源整合能力在数字时代必不可少。

在数字时代，内容资源仍然是占主导地位。对出版机构而言，内容资源的整合能力越强，就越能够在激烈的市场竞争中占据一席之地。在数字时代，与其他出版商相比，传统出版机构有着丰富的出版资源，包括经验丰富的编辑团队，优秀的作者资源，广大忠实的读者群和自身的品牌优势。编辑人员是出版机构的核心人物，对内容资源的整合和再利用方面发挥着重要的作用。编辑人员需要整合优质出版资源，通过对内容资源的整合，使得出版物能够更符合市场的需求，得到社会效益和经济效益的最大化。

整合可以化平凡为神奇，销售平淡的图书，通过整合也能变成畅销书。浙江少年儿童出版社打造的"动物小说大王沈石溪品藏书系"在短短3年内，销售码洋突破1亿元，销售册数突破700余万册。然而，在与浙少社合作之前，沈石溪的书卖得并不好，"叫好不叫座"。浙江少年儿童出版社的编辑通过调研后发现，沈石溪的作品入选了语文教材，在教师中有认知度；现在的学生对动物小说这种独特的题材有新鲜感；沈石溪成名较早，当年的小读者现已为人父母，沈石溪的作品能唤起这批家长的童年阅读经验，他们对作品的认可，可迁移到对自己子女的阅读引导上。学生、教师、家长，三方面的认可构成了沈石溪作品的市场潜力。由此，他们选定了"动物小说"和"品藏书系"这两个要点，从封面、定价、开本等方面作了一系列的包装和整合，最终盘活了已经沉淀的优秀内容资源。在图书得到广泛认同后，南方分级阅读研究中心又借助新媒体渠道的拓展，形成了一条涵盖创意、开发、媒体传播、出版发行、阅读学习、教育培训、娱乐游戏、旅游以及文化地产等领域的数字化产业链，可以说把整合的力量发挥到了极致。从此案例中，我们可以看出，不论是编辑人员还是编辑团队和出版机构对内容资源的整合重要的是要发现有价值的作品，然后对其进行整合、设计、包装和宣传。这样经过整合设计生产出的产品才能发挥价值的最大化，取得好的效果。

（三）跨界扩张能力

现在是传统出版与数字出版相并存的时代，跨界扩张能力对于编辑人员、编辑团队和出版机构而言就显得尤为重要。跨界扩张包括跨媒体、跨地域和跨产业。数字出版条件下，跨媒体选题策划和运营实施的要求更为复杂，难度更高。编辑人员的跨界扩张能力对出版物的质量、出版机构的发展有着重要的影响。编辑人员在前期的选题策划过程中，需要考虑到新兴媒介的特点，进行跨媒介选题策划。对于现在的编辑人员来说，除了传统的投稿、约稿等选题方面的信息获取渠道之外，网络调查、网络搜索、论坛和微博等都是新兴的信息获取途径。除了在选题策划时使用新媒体方式来获取信息外，编辑人员还可以使用互联网进行市场调查、与读者积极互动、快速获取读者意见等。同时还可以利用互联网、手机、微博等新媒体对图书进行宣传推广，这些都属于跨界扩张的方式。与传统的信息获取渠道相比，新兴的方式信息获取速度快，信息量大。编辑人员要熟练掌握不同的信息获取方式，时刻关注出版领域的新动态。同时，编辑人员在出版工作中应该考虑到新媒体的特点，设计生产出的产品能够适应不同载体的要求。

编辑人员可以利用新媒体进行整合策划，比如网站、论坛或者博客有很多人气很高的作品，编辑人员可以从中挑选出适合的进行重新整合。许多优秀的小说都发掘于网站、论坛及博客。一个典型的跨媒体选题策划的例子，《阿速有妙招》这本书的策划是来源于山东电视台一档广受观众好评的电视节目《生活帮》，编辑人员挑选了这档节目中精选板块的内容，对其进行分类并且重新编排，出版了这本书，并且取得了很好的效果。这本书的成功就取决于编辑人员的跨界扩张能力。

第三节 新媒体背景下传统出版编辑的局限性

在新媒体背景下编辑工作有着新的特点，因此对编辑个体、编辑团队以及出版机构都提出了新的、更高的要求。本文从编辑个体、编辑团队和出版机构三个层面选取与出版编辑力最息息相关的问题来分析。编辑个体存在着编辑理念旧化、数字化技术掌握程度不高和市场意识淡薄等主要问题。从编辑团队角度看，不足之处主要表现为团队工作效率偏低，而制约编辑团队工作效率提升的主要原因是出版流程的不适应性。当前出版流程存在着重内容轻制作、重产品轻服务、重生产轻营销的问题。从出版机构角度看，出版机构的竞争主要还是人才的竞争，因此要想留住人才，将人才的潜能发挥到最大，则需要构建合理的编辑队伍并实行科学化的管理。编辑队伍看现在存在着老龄化和年轻化、知识结构不合理、复合型人才缺乏等方面的问题。随着网络技术的普及、经济的发展，使得这些问题浮出水面，对于出版编辑力在数字时代的不足分析是为了能够更好地提出相应的提升出版编辑力的策略。因此，对于数字时代传统编辑力的不足分析是非常必要的。

一、编辑队伍的局限性

知识经济时代的竞争关键在人才，出版业是传播知识和正确社会价值观的产业。对于出版机构而言，对人才的渴求就更加明显，要想留住人才，使人才发挥出最大的效益，避免人才的流失，就应当构建合理的人才结构和人才管理机制。数字时代对于复合型人才的需求越来越大，出版机构要注重对复合型人才的培养及引进。从当前的形势来看，我国编辑队伍基本存在着老龄化和年轻化、知识结构不合理、复合型人才缺乏等方面的问题。编辑队伍的局限性大大制约了编辑力的提升，从而阻碍了出版机构的发展。编辑队伍的建设是出版机构得以持续发展的关键和重点。因此，对于数字时代传统编辑队伍面临的问题分析是非常必要的。

编辑队伍主要存在着以下的问题：

（一）人才结构不合理

目前，我国出版机构普遍存在着编辑队伍"两级"分化现象，"两级"分化分别指的是"老龄化"和"年轻化"。年龄较大的编辑人员有丰富的编辑经验，是编辑队伍里的骨干，但是存在着知识的老化，对于新事物的学习欲望不强，对于新技术的掌握不够，并且面临着退休等问题。而年轻编辑适应力强，思维活跃，创新精神强，敢于尝试新鲜事物，对于数字时代所赋予的新要求有着强烈学习的欲望，但是编辑基本功不扎实，经验不足，容易眼高手低。这两者都偏于极端，有着丰富的编辑经验又勇于学习掌握新技术的"中间人士"则相对来说偏少，"中间人士"应该是编辑队伍里的中流砥柱，能够独挑大梁并且可以指导年轻编辑的工作，所以"两极分化"的结构会导致编辑队伍出现断层的现象，这会直接影响出版物的编辑水平，不利于出版机构的发展。合理的编辑队伍在年龄、经验方面应该是比例恰当，而不会出现青黄不接的现象。出版行业的特性对于编辑人员的专业要求高，这就要求编辑队伍向高学历、高素质方向发展。因为要想从众多信息中挑选出优秀的选题，要求编辑人员具有相应的专业背景，熟悉了解当前课题的发展动态。所以，出版机构对于高学历、高素质的人才需求高。并且出版机构的选题范围广，编辑队伍需由不同专业背景的人才组成，以适应出版机构对于不同专业的需求。在数字时代，编辑人员不仅需要掌握专业知识，还要对其他的学科都有所涉略，比如数字化、网络化知识等，应该合理搭配人才知识结构，构建知识面广、综合素质高的编辑队伍。而从大多出版机构现有的编辑队伍来看，普遍存在着知识结构不合理的情况，不适合出版机构对于不同专业人才的需求，而人才结构的不合理导致编辑队伍的整体素质不高，也就会直接影响到出版物的质量水平，从而对出版机构的发展不利，继而制约了编辑力的提升。

（二）人才管理机制不适应

在出版机构转企改制和数字时代背景的双重变革下，出版机构的观念、人才管理方面都存在一定的不适应性。面对着在保证社会效益的前提下追求利益的最大化，出版机构的激励机制、考核机制、培养机制等方面都应该加强和完善。当前很多出版机构都有这方面的问题，比如人才流失的问题，出版物质量问题，经济效益下降问题。这些问题都是互相关联的，经济效益的下降使得出版机构减少员工的福利并且减少一定的人力成本，这就会造成人才的流失。而出版物是精神文化产品，富含丰富的知识文化，人才的流失必然会导致出版物质量的下降，反过来，出版物质量的下降又会引起经济效益的滑坡。优秀的编辑对出版机构的发展非常重要。出版机构是否能取得良好的效益和品牌影响力，关键就是要有优秀的出版物，而优秀的出版物主要取决于编辑人员的出版编辑力。在市场经济条件下，编辑思想也需要改变，之前的编辑人员竞争意识不强，责任心不高，导致工作效率低下，出版物质量不高。因此出版机构应该建立和完善相应的竞争机制和激励机制，提高编辑人员工作效率，提升编辑人员的综合素质。对于出版物内容质量的考核也应该重视起来，这样可以有效提高出版物的质量水平以提升出版机构的竞争力。目前的出版业缺乏复合型人才，而出版机构并没有重视自身培养机制的建立，仅仅寄希望于高校的培养模式是不够的，建立和完善相应的培养机制也是为了保证编辑队伍的整体素质。

（三）复合型人才缺乏

数字时代的到来使得对于编辑人才的需求产生了变化，数字出版行业具有文化性、技术性和商业性，因此数字出版产业需要的人才也应该是融合性、复合型的人才，应该拥有多学科知识、多方面技能，在数字出版的不同领域具有相应的能力，这样才能保证数字时代编辑工作的顺利进行。传统出版数字化转型面临的一个问题是：缺乏对出版熟悉又懂技术的复合型人才。

复合型人才首先是要具备全媒体时代的编辑能力，全媒体时代是信息爆炸的时代，书籍、报刊、广播、电视、网络、手机等都是内容信息的来源，尤其是存储了海量信息的互联网平台。这就要求数字时代的编辑，必须具有娴熟的信息搜集、筛选、分类和整合能力，能够敏锐地感知到有价值的信息，并快速选择、捕获、加工、吸收和利用，将信息物化为精神产品。其次是要有跨专业跨领域的学科知识，具体到各学科知识上，数字出版人才的知识结构应包括自然科学基础知识、人文社科基础知识、编辑出版专业知识、数字出版专业知识、计算机知识和新媒体技术。第三，个人综合能力也很重要。知识是与时俱进、不断变化、不断创新的，而能力才是获得知识，更新知识的基本工具。一般而言，复合型数字出版人才需要的能力主要包括沟通与表达能力、创新能力、思维能力、学习研究能力和组织协调能力。数字出版行业是新生的行业，数字产品也在不断更新，只有具备了这些能力，才能了解受众的阅读需求、阅读方式和阅读感受，才能对数字出版的发展现状、趋势有敏锐和快速的感知，才能在自己所掌握的专业知识和技能的基础上，使用全新的技术手段，跟上数字出版前进的步伐，凝聚目标受众，打造出版品牌。

复合型人才的短缺是当前出版机构普遍存在的现象。这种现象产生的原因和当前出版人才培养模式有一定的关系，如关于版权知识的复合型人才的短缺，主要原因则是许多高等院校并没有专门设立关于版权方面的专业，而且即使开设了相关专业课程，培养出的人才对于编辑理论知识，行业知识等也都缺乏了解。在出版业数字化转型中，当前主要的数字化人才都是从其他行业转来的，并没有系统学习过数字化的相关知识，对于数字出版的相关业务也是处在学习和了解的状态，这些原因都造成了当前出版机构对于复合型人才的渴求。

二、出版流程的局限性

在数字时代，传统出版要想更好地发展数字化业务，编辑团队要想提高团队工作效率，就需要对传统出版流程进行再造，传统出版流程已经不适应数字出版的要求。传统的出版流程会降低编辑工作的整体效率，增加生产成本，对出版编辑力的提升十分不利。文中所探讨的出版流程主要是指图书出版工作中的日常编辑工作流程，传统图书编辑出版流程，可用图4-1来描述。

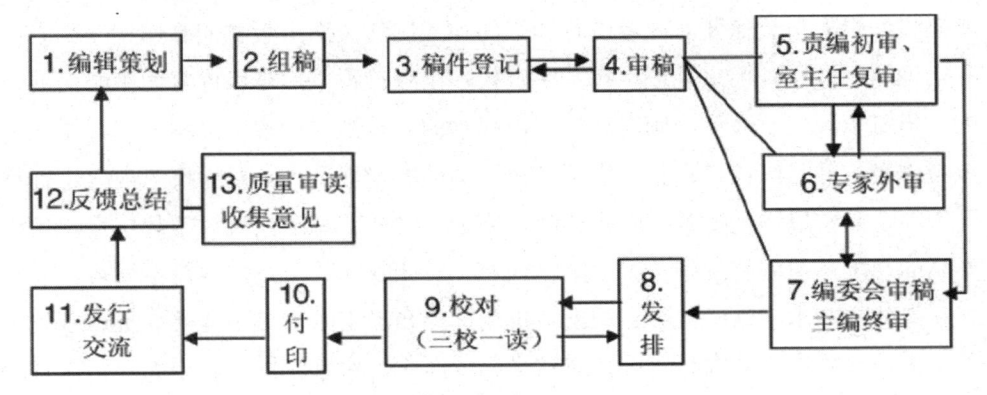

图 4-1 传统模式下编辑出版工作流程

图4-1中单向箭头表示必然流向，双向箭头表示可选择流向。从上图可以看出，整个出版流程呈线性关系，各个环节独立运作，各自负责，多项工作低效率重复。当前的出版流程，具有流水线工作的特点，每项工作按部门分工进行，呈现出线性运行模式。

（一）重产品轻服务

从传统的出版流程我们可以看出，其中缺乏着对市场因素的考虑，是以产品和内容为中心，对作者和读者的服务不到位。而在数字时代，同样也要以用户为中心。因为传统时代出版机构并不知道用户是谁，出版机构只要将内容做好就行，传统时代的出版流程对于反馈渠道的建设并不重视。数字出版的一大变革就是，让企业知道自己的用户到底是谁，以用户的需求来展开服务，因为每一个读者的阅读需求都不一样。数字出版的核心在于了解不同用户的需求，并且设法满足用户的需求，让他们成为忠实读者。在数字时代，产品仍然重要，但是服务也一样需要重视。互联网的普及，使得数字时代背景下出版机构有很多方式可以与读者建立联系，获取读者的反馈信息，了解读者的不同需求，这些优点是在以前所做不到的。而分析传统的出版流程则可以看出，它不能提供用户信息的反馈，不能够为读者提供优质的服务，因此会造成读者的流失，经济效益的下降，出版机构的竞争力也会降低。

（二）重内容轻制作

出版业对于出版物内容方面始终是非常重视。多年来的传统出版流程在数字出版技术面前，依然是侧重于内容的加工。然而在数字时代，出版物的载体已不仅仅是纸质材料，而是呈现出多种介质的表现形态。传统出版流程中各部门分工明确，编辑人员只需要对内容进行详细的加工制作，而出版物的制作程序则专门交给编排、印刷部门来完成。在数字时代，出版流程依然是以内容为中心而展开的，但是呈现出一体化的倾向，对于出版物的表现形式在编辑流程的一开始就应该考虑到，并且应该贯穿整个出版过程。不同的表现形式需要考虑对内容进行不同的加工制作以满足在数字时代读者的需求。当前普遍存在着对于数字化使用度不高的现象，原因就在于传统出版机构不了解新媒体的特点，也就不懂得读者对于新媒体的需求，这样就会造成出版机构选择和加工的内容不能够满足读者的需求。很多出版机构并没有专门针对数字出版而重新设置流程，对于数字化内容制作的格式标准也不统一，因此影响了整体的运作效率。比如，编辑、作者、排版、印刷使用不同的数字软件进行加工制作。在交换内容时格式的不统一就会影响了整体的运作效率。因此，传统出版流程中对于制作环节的流程已经不适应数字时代的需求。

（三）重生产轻营销

营销环节位于出版流程的末端，但其作用是不容忽视的，营销环节对于出版机构的经济效益的实现发挥着重要的作用。目前，编辑团队中普遍存在着营销意识薄弱、营销方式单一的问题。出版机构已经意识到营销的作用，但并没有树立全员营销的观念，也没有因为营销的重要性而改变现有的出版流程，编辑人员也仅仅是在选题策划环节中简单的进行市场调查，利用传统媒体进行宣传和促销。图书产品的积压滞销现象，就是因为图书供大于求，对于市场信息的了解有误差，从而导致出版机构经济效益的下滑。如果不改变重生产轻营销的观念，继而改变传统出版流程，仅仅是按照传统模式进行营销，只会恶性循环。数字时代背景下，出版机构要做到的不仅仅是营销，还需要对市场有充分的了解，对市场和读者的需求进行充分的调研，再配合多元化渠道的营销，树立全员营销的观念，并将营销意识贯彻整个出版流程中，改变现有的传统的出版流程，建立系统的以营销和产品并重的出版流程，才能做到真正的营销。

三、编辑技能的局限性

编辑工作在出版工作中处于核心地位，编辑人员综合素质的高低对编辑工作有着很大的影响。对于编辑个人来说，出版编辑力是编辑人员综合实力的体现，因此，编辑个人在技能方面的局限性限制了编辑力的提升。在数字时代，编辑人员主要还存在着编辑理念老化，数字化技术欠缺和市场意识淡薄等方面的问题。

（一）编辑理念老化

对于数字出版的发展，编辑人员普遍是持观望的态度，很多出版编辑能够认识到数字出版是未来的发展方向，但是却不会主动做出改变。因为传统出版各环节的运行模式已经形成，编辑人员已经习惯于这样的方式，但是传统的出版流程已经跟不上现有的要求。对于不了解的数字出版，编辑人员难免会产生陌生和排斥感。不仅仅是对数字出版的认知方面，从运作模式、制作方式等一系列方面传统编辑理念都体现出一定的不适应性。比如，传统的出版物表现形态主要是纸质媒介，而随着数字技术的发展和应用，出版物朝着多媒体产品发展，这样传统编辑的单一思维模式已经显示出它的不适用性。并且随着时代的发展，传统的以内容为中心的发展模式也不适用与以读者和服务为中心的数字时代。

（二）数字技术欠缺

随着数字化的发展，数字技术的应用也越来越广泛。在数字时代，对于编辑人员的数字化技术掌握能力要求也进一步提高，数字技术的广泛应用的前提是编辑人员懂得掌握相应的数字技术。因为在数字时代，内容的表现形式是多样化的，同一内容可以应用呈现在不同的媒体形态，比如电脑、手机、电子阅读器等，而这样就需要技术的支持，不了解掌握数字技术，不熟悉不同媒体的特征，就无法进行加工制作，无法满足多媒体时代的需求，但是在现阶段，掌握数字化技术的编辑人员并不多。

北京科学技术出版社社长助理、贝壳阅读网总编辑张金坦言："传统图书出版编辑，普遍都不了解数字产品技术、不接触产品研发团队也不熟悉数字出版的整体运营情况。目前所谓的传统出版机构的数字出版对于技术商、平台商和运营商高度依赖，即使出版机构自己进行数字出版，系统、客户端等都是向别人购买，而数字出版与传统出版的编排印刷等流程是完全不同的，这样编辑人员在网站、无线、手机出版等方面的产品加工、推广营销就遇到困难。"

编辑人员需要掌握的数字技术主要有：计算机技术、多媒体加工技术，电子文档处理技术、数据库技术、检索技术及数字版权保护技术等。现在大多的编辑人员已经在尝试学习和使用数字技术，但是掌握的程度不高、使用的频率低、技术类别少。数字时代需要的是懂得多种数字技术的复合型人才，对于数字技术的掌握已经成为对编辑人员的基本要求。因此，编辑人员应该通过不断学习数字技术，提高掌握数字技术的能力，提升自身的综合素质。

（三）市场意识淡薄

现在大多数的出版机构已由事业单位转为企业化经营，这就意味着出版机构自此将在市场经济体制下，保证社会效益的同时追求利益的最大化，实现自负盈亏，优胜劣汰。出版机构转制前，编辑人员主要是针对稿件进行选择、加工，很少从市场、读者的角度去进行策划。而在出版机构转制为企业化经营之后，出版机构的生存取决于市场，要想在市场竞争中生存，就必须面向市场进行改变。在出版机构中，编辑工作是其核心，是整个出版过程中的主要环节，因此，编辑人员需要树立强烈的市场意识。

而现在仍然存在着以领导、编辑人员的主观判断、个人经验、喜好等来进行选题策划，并没有建立在充足的市场调查的基础上，编辑人员的市场意识、经济效益核算等都比较弱，这样就会增加从编辑工作的一开始就会存在错误的可能性。编辑人员市场意识薄弱也是有原因的，编辑人员长期受传统经济体制的影响，侧重于社会效益的实现，在出版活动中，与编辑人员经常沟通的是作者，各部门分工明确，编辑人员看似与市场并没有直接的工作关系，处在计划经济时期也让编辑人员忽视了这一点。这些因素导致了编辑人员市场意识的淡薄。编辑人员市场意识的淡薄不仅对个人也对整个出版业带来影响。对个人来说，会使编辑人员脱离实际需求，盲目选题，选题策划的偏差直接导致图书销量低，经济效益差，也是造成出版物库存高、内容雷同、低俗的原因。这些都不利于出版机构在市场竞争中的生存和发展。要想在激烈的竞争中生存下来，编辑人员就必须考虑市场需求，在市场调查的基础上做选题策划，由此可以看出，树立市场意识已经成为编辑工作的前提和基础，需要将市场意识落实在编辑工作的每个环节中，应当将树立和落实市场意识与其他编辑工作同等对待。对编辑人员的市场意识要求是在新形势的发展下提出的，编辑人员只有在市场调查的基础上，充分了解读者的需求，才能为读者提供更适合、更需要的产品。

第四节 新媒体背景下数字出版编辑力提升的方法与途径

数字时代背景下，互联网信息技术的发展及广泛应用，对编辑人员、编辑团队和出版机构提出了新的要求。如何提升出版编辑力，进行出版队伍的更新与优化、出版流程的创新与再造以及编辑个人的综合素质的提升，都是需要深入探讨的，因为这关系到传统出版业在数字时代的生存与发展。

传统出版业的数字化转型需要一支高素质人才队伍，除了编辑人员自身的学习和提高之外，出版机构还需进行出版队伍的优化与更新，实行科学化管理，为出版工作人员提供良好的工作氛围，并注重复合型人才的培养和引进。要提高出版编辑力，出版流程的创新与再造也是必须的，需要打造一个适合数字时代发展的产品与服务一体化、编辑与制作一体化和编辑与营销一体化的出版流程。

一、编辑队伍的优化与更新

在传统出版业的数字化转型时期，一支高素质、高效率的编辑队伍对于出版机构的发展是至关重要的。因为编辑人员是出版机构的核心工作人员，编辑人员的综合素质关系到出版物的质量甚至是出版机构的生存与发展。数字时代要求编辑人员既熟悉出版编辑工作内容，又掌握一定的数字技术，因此，复合型人才成为当前出版机构最需要的人才。出版机构应加强数字出版相关知识的培训工作，注重对复合型人才的培养。

（一）人才队伍结构的优化

当前我国出版机构普遍存在的编辑队伍的"两级"分化现象会导致断层的现象，这会直接影响出版物的编辑水平，不利于出版机构的发展。要组建一支合理的人才队伍，年龄、专业知识的结构比例都需要充分考虑。首先，老中青编辑比例要搭配恰当，以防止出现断层现象。编辑工作既需要在办公室进行审稿、编稿等工作，又要与作者沟通交流，进行市场调查等。编辑的工作性质需要不同年龄段的搭配合作。有经验的老编辑可以传授给新编辑一些实践工作经验，年轻的编辑则拥有创新精神可以给出版工作带来活力。不同年龄段编辑人员的合理搭配，能够扬长避短，并且可以避免编辑队伍出现年龄断层的现象，提高编辑工作效率。

其次，编辑人员的专业知识也要合理搭配，以适应出版机构对于不同专业人才的需求。出版机构的选题范围广、学科门类多，并且出版物是知识产品，面对的读者具有不同的知识背景，因此对于编辑人员的专业要求高，这就要求编辑队伍向高学历、高素质方向发展。因为要想从众多信息中挑选出优秀的选题，要求编辑具有相应的专业背景，熟悉了解当前课题的发展动态。只有这样才能够生产出满足市场需求的高质量图书产品。出版机构编辑队伍不同年龄阶段、专业知识的合理搭配，会使得编辑队伍的结构更合理，形成一支高素质的编辑队伍，才能够在面对众多新技术、新信息的情况下抓住机遇，使出版机构能够在激烈的市场竞争中发展得更好。

（二）人才管理机制的合理化

在出版机构转企改制和数字时代背景的双重变革下，当前很多出版机构都有这方面的问题，比如人才流失的问题，出版物质量问题，经济效益下降问题。要想解决这些问题，出版机构应该实行科学化的人才管理机制。

首先要健全人才管理机制，其次是实行科学化管理。关于健全人才管理机制方面，出版机构的激励机制、考核机制、培养机制等方面都应该加强和完善。数字时代既懂编辑知识又懂数字技术的复合型人才缺乏，出版机构应该改善培养机制，自身应当加强对编辑人员的培训，多多为编辑人员提供学习交流的机会，并与高校建立合作关系，共同为培养复合型人才做努力。人才管理机制的完善化能够提高编辑人员的工作效率，提升编辑人员的综合素质，出版物的质量水平也能够同时得到提升，从而出版机构的核心竞争力也会增强。但是，出版机构要想提升出版编辑力，在激烈的市场竞争中生存下来，健全的机制是不够的，还需要有科学化的管理。民主管理和量化管理都属于是科学化管理，是现代企业管理的趋势。民主管理需要出版机构的领导、中层管理人员和编辑队伍中的代表共同构成管理队伍。民主管理的实行可以加强管理者和编辑人员之间的沟通，还可以调动编辑人员的工作积极性，提高编辑人员的工作效率，激发他们内在的潜质。量化管理是指对编辑人员实行客观化的管理，非量化管理主观性强，科学性并不高，科学化管理需要量化管理的支撑。量化管理的制定要遵循科学化的原则，从实际出发并且要便于考核。出版机构实行量化管理，可以促进编辑人员工作考核的标准公平化，有利于编辑人员提高工作积极性。

完善健全的管理机制加上科学化的管理，可以使出版机构在数字时代和改企背景下，能够高效的运作，促进出版机构的发展。

（三）复合型人才的培养

出版业是知识集中性产业，人才是出版业的核心竞争力。随着出版数字化进程的加快，出版业对于编辑人才有了新的要求。既要了解数字产品的内容，又要熟悉数字出版的新流程及产品的技术特征。在数字化领域中，传统的出版机构的优势仅仅在内容和品牌方面，在资金和技术方面的优势并不大，因此，要想在数字化领域中占有一席之地，传统出版机构必须加强编辑队伍的建设，重视对复合型人才的引进和培养。

对于复合型人才的培养，首先，出版机构应该认识到当前出版业数字化进程已是大势所趋，应该高度重视数字化出版，了解到自身对于复合型人才的急切需求。现在传统出版人士对于数字出版普遍认识不足，并且习惯于传统的发展模式，创新欲望不强，还担心着数字化的发展会对传统出版产生威胁，没有意识到不改变则被淘汰的现状，还有很重要的一点则是跨界数字出版领域的能力还没有那么成熟。

其次，应该加强对于编辑人员的培训和互相交流工作，尤其是关于数字出版技术方面的培训，使编辑人员在掌握编辑出版知识的基础上，了解新的数字化技术。出版机构应该定期举办相关知识的培训，并且创造机会让编辑人员多多参与相关的学术会议，与其他同行之间进行交流学习，了解目前学术动态和发展趋势，也可以拓展交际渠道，结交认识更多的专家、同行、读者。社会科学文献出版社的做法值得借鉴。出版社主要通过项目带动，内部动员、交流与学习，引进来与走出去这三大方式来为传统编辑提供学习、交流的机会。传统编辑转型，既要转变自身观念，还需要社里全面大力支持，不然传统编辑很难从繁重的选题策划、编辑加工业务中抽身出来，关注并尝试数字出版。

再次，高校也应该重视对于复合型人才培养模式的改进，高等学校和出版机构应该相互支持合作，理论培养与出版机构的实践培养相结合，共同为出版机构提供既有理论基础又有实践经验的新型复合型人才。如北大出版社与北京大学编辑出版专业、湖北省出版局与武汉大学就建立了合作关系，并且还为北大和武大设立了本专业的奖学金，出版机构的社长、总编也会为学生授课，和高校一起为培养出版人才做贡献。

二、出版流程的创新与再造

所谓出版工作流程的再造就是从宏观的角度审视出版工作流程，把整体出版工作看作一个系统，以市场需求为中心，转变出版工作流程设计思想，改革出版单位的宏观工作流程，使出版单位的工作流程符合市场竞争条件下提高图书竞争力的需要，这是现代营销思想、战略管理理论与出版工作流程设计相结合的产物，我们称其为流程的再造。在数字时代，传统出版发展数字化业务已是必然。但是传统出版和数字出版的出版流程是不同的，因此，在传统出版与数字出版相并存的时代下，探讨出版流程再造与创新的问题就有显现出其理论和实践意义。传统出版要想更好地发展数字出版业务，就必然要对出版流程进行再造，以满足数字出版的要求。对出版流程的再造能够大幅度的提高工作效率，降低运营成本，从而提升编辑团队的编辑力。

数字出版与传统出版的出版流程相比发生了两个变化：一是出版流程呈现立体化趋势；二是出版流程的简化趋势。出版流程的立体化趋势是由于出版对象发生变化引起的，而出版流程的简化，编辑人员直接面对终端市场是因为数字出版物的载体是非纸质的。同时，传统出版流程再造的同时也要满足下列要求：

（一）产品与服务的一体化

出版流程再造的一个原则就是实现产品与服务的一体化。数字出版虽然仍以"内容为王"，但是服务也同样重要。传统时代的出版机构将产品放在第一位，编辑人员与读者的沟通渠道少，出版机构和编辑人员的市场意识不强，并不注重去了解市场和读者的需求。而在数字时代，随着科技的发展，读者的服务意识增强，对服务的要求越来越高，出版企业的性质本就是要为读者提供服务，满足读者的需求，因此出版机构应主动提高服务意识，树立以产品和服务为中心观念。出版机构的企业化经营要求出版机构在保证社会效益的前提下最大程度的追求经济效益，在激烈的市场竞争条件下，出版机构要想长远发展不被淘汰，就需要以市场为导向，将服务提到一定的高度，满足读者的不同需求。要以读者需求为导向，为读者提供更好的服务。美国的数字出版起步早，当前美国的数字出版重心在于产品和服务，力求深入挖掘客户需求，在产品和服务上做到长远规划、精益求精。在数字时代，网络读者不仅有知识需求，即内容的真实和精确，而且还有速度求快、支付求廉的诉求，以及对增值服务的需求，最大限度地满足读者不断增长的需求。只有这样，才能确保客户对产品和服务的忠诚度，才能确保产品和服务的生命力，才能创造出有利可图的可持续运营模式。

互联网的发展也为出版机构作出更好的服务提供了便利，编辑人员可以利用互联网进行市场调查，与读者进行沟通，充分的了解读者的需求，创新服务形式，为读者提供全面的、优质的服务。编辑人员所提供的服务不仅仅是针对读者，还需要为作者提供服务。网络技术的发展，使得稿件的传递速度加快，作者可以将同一稿件投给不同的出版机构，为了避免优质稿件的流失，编辑人员需要及时与作者进行沟通，并向作者提供一定的帮助。只有编辑人员为作者提供优质的服务，才能够有一定的作者资源，保证出版物的质量水准。因此，数字时代背景下出版流程的再造应该充分考虑到服务环节的设计，打造产品与服务一体化。

（二）编辑与制作的一体化

数字时代出版流程的创新还体现在要实现编辑与制作一体化。传统时代，出版物的主要表现形式是纸质图书，而在数字时代，网络的发展、电子阅读器的广泛使用和读者的数字化阅读需求的上升，使得传统出版要进行数字化转型。数字出版物的表现形式呈现多样化状态，已经不仅仅是纸质图书形式，ipad、电子阅读器、智能手机等终端设备的要求也应当满足。这就需要编辑人员在进行编稿的同时要充分考虑到不同载体的表现形式和特色，制作出适合不同载体形式需要的内容，而不仅仅是将纸质出版物内容简单的复制。首先，在对同一本书籍内容进行跨媒体出版的同时，要统一书籍的制作风格，比如封面颜色、文字设计等，这样可以延续书籍在其他平台上做的宣传及产生的影响。并且在制作的同时要区别精读和浅阅读。传统纸质书阅读适合进行精读，数字阅读相对来讲较为粗浅。对于传统书籍可以按部就班地排列文字，注意纸张和印刷的质量；出版数字书籍，需注意用户的心理，适当设置节点和跳转以返回总目录，并注意每屏文字的分布、密度和总体长度。

这样才能使不同平台的阅读带给读者不同的感受和收获，满足不同读者的需要。实现编辑与制作的一体化就不需要再对内容进行二次加工制作，直接就可以应用到终端设备，减少了不必要的流程环节。编辑与制作的一体化既能够满足不同载体表现形式的要求，还可以大幅度地提高编辑的工作效率。

（三）编辑与营销的一体化

传统出版流程中营销环节位于出版流程的末端，存在着营销意识薄弱、营销方式单一的问题。营销人员与编辑人员所处的部门不同，工作相对独立，因此，编辑人员并没有强烈的营销意识。数字时代背景下，新媒体的发展及广泛应用，使得编辑人员有条件参与营销，并且数字时代和传统出版业企业化经营的双重背景下，出版业竞争越来越激烈，这就要求着出版机构需要自负盈亏。营销对于出版机构经济效益的实现发挥着重要的作用。因此，数字时代出版流程的再造中需要加强对营销的重视。当前，编辑团队需要树立全员营销的观念，不仅仅只是营销人员参与这一环节，编辑人员也要积极参与，因为编辑人员是最熟悉出版产品的特点，并且还需要将营销意识贯穿到整个出版流程中，从前期的市场调查、选题策划开始就应该开始进行营销，以市场需求为导向，传统营销方式和网络营销方式相配合，只有这样才能够生产出畅销的产品，取得良好的经济效益。同时，出版流程再造后，全员营销的意识和高素质的营销队伍是实现出版流程高效运行的关键。

三、编辑人员的学习与提高

数字时代，在激烈的市场竞争中，编辑人员作为出版机构的核心人物，对出版机构的发展起着重要的作用。数字时代与传统时代不同的是，对于编辑人员的数字化技术要求更高，并且需要编辑人员了解数字出版的整体运作等知识。编辑人员需要更新自身的编辑理念，正确看待数字出版，传统出版的数字化转型已经不可避免，并且要学习掌握一定的数字化技术，将自己培养成为一名复合型人才，只有这样才能够跟上时代的脚步，胜任数字时代背景下的出版编辑工作。

（一）更新编辑理念

由于出版环境的变化，编辑工作的方式、思维都需要相应的做出改变。传统的编辑理念已经跟不上数字化的步伐。数字时代对于编辑工作的各个方面都提出了更高的要求，编辑人员首先需要更新编辑理念，因为有了先进的、正确的编辑理念才能高效的指导编辑人员的实践工作。正确认识数字化技术带来的变革，学习新的知识，提高自身的综合素质，以适应新时代的要求。

首先，传统的编辑人员对于数字出版的认识有错误，认为数字出版的发展对其产生了威胁，殊不知机遇和挑战是并存的，不发展数字出版业务则意味着在将来的某一天面临被淘汰的危险。所以，编辑人员应该对于数字化浪潮予以足够的重视，积极主动的学习数字出版的相关知识，在此基础上有意识的对于数字出版业务进行积极的尝试。其次，传统的编辑人员面对的出版物主要是纸质形态，而数字时代则是多媒体产品的出版物，因此编辑人员在信息收集、选题策划、加工制作时就需要突破传统的单一编辑思维，全面考虑不同媒体介质的出版要求，树立多媒体化、多层次的编辑思维，并且贯穿整个出版过程。最后，传统时代出版是以内容为中心的经营模式，而在数字时代也要树立以读者为中心的服务理念。读者的阅读方式、阅读需求都发生了很大的变化，读者的阅读需求更细化、多元化。编辑人员和读者之间的互动需求更突显，编辑人员可以有多种渠道和读者取得沟通，随时了解读者的需求。所以，编辑人员应该树立以读者为中心的服务理念，从而开拓出更能满足读者需求的产品，从而提高出版机构的竞争力。

（二）掌握数字化技能

在数字时代，提升出版编辑力很重要的一个途径就是学习掌握数字化技能。因为数字出版的发展很大程度上是来自于技术的支持。数字技术软件的开发测试方面的工作是可以由专业技术人员来操作完成，但是编辑人员在信息收集、选题策划、加工制作以及后期的发行、宣传等过程中，都需要运用数字技术。掌握数字化技术已经成为数字时代编辑人员的必备知识，利用计算机工作已经成为数字时代编辑的基本工作方式，编辑人员需要掌握的数字技术主要有：计算机技术、多媒体加工技术、电子文档处理技术、数据库技术、检索技术及数字版权保护技术等。计算机技术包括 Windows 系统、word 软件、excel 表格等。利用计算机技术，编辑人员可以建立相应的数据资料库，还可以获得各方面的信息，实现资源的整合。多媒体加工技术主要是指编辑需要掌握多种媒体的属性，比如图片的调色、视频的剪辑等。目前最前沿的信息检索技术包括以下这些：关键词检索、分类导航检索、同义词检索、聚类信息检索、截词检索、精确检索、字段检索、网站超链接检索、库间跳转检索、多库同时检索、布尔检索、数字检索、二次检索、自然语言检索、定题检索、手机检索等。掌握信息检索技术，可以在编辑人员面对大量的信息数据时，运用信息检索技术，快速准确的筛选出有效的信息，大大地提高了编辑效率。数字版权保护技术有关于电子书、视频、动画、光盘等的具体技术，数字版权技术可以有效地保护信息，但是也会在某方面阻碍了用户的使用，编辑需要掌握的则是各种不同版权保护技术的特点，以便做出最正确、恰当的选择。

除了这些数字技术编辑需要掌握以外，新媒体的发展，使得图书的营销方式也更多样化，例如网络、微博的发展，编辑可以充分利用新媒体与读者沟通、进行宣传推广的工作，因此，运用网络、新媒体等的应用技术也成为了编辑人员在数字时代需要掌握的。掌握相关的数字技术，对于提高编辑工作效率，进而提高出版编辑力有至关重要的作用。

（三）学会新的营销手段

当前的图书市场中，同质化现象越来越严重，想要在激烈的竞争中占得一席之地，除了重视内容之外，还要加强出版营销工作。编辑人员从信息收集开始就应该考虑营销的因素，并且要贯穿整个出版流程，进行全程营销。编辑人员对于市场、读者定位、图书特色相比于其他人来讲更为了解，具有独特的优势，如果学会了新的营销手段，产生的效果就会更大。

传统的营销方式主要是利用平面媒体、座谈会、签售会等。随着互联网的蓬勃发展，图书的营销方式向多元化发展，编辑应该尝试使用新的营销方式，比如网络、微博等新媒体的运用。利用新媒体进行营销，主要是在网上发布书讯、书评，微博与受众进行互动、宣传。但也因为信息量大、发布渠道多、有些信息可能会被忽略、轻视，因此，编辑人员在利用新媒体进行营销的同时也要有针对性的、高效率的进行营销宣传。

编辑人员在利用微博进行营销推广时，也需要探索新的方式、手段，因为目前大多数的出版机构、编辑人员除了利用微博来进行图书信息的发布之外，也会进行一些赠书等的活动，但是活动方式相对单一，并且类似的活动很多，信息发布出去粉丝的实际购买力也不清楚，因此，对于微博营销的方式、内容等方面还需要进行创新。

综上所述，数字出版的趋势不可逆转，数字浪潮席卷出版业只是时间的问题，出版编辑必须研究数字出版的特点，加强学习，更新自己的知识和技能，不断提高自身素质，提升出版编辑力，才能适应数字出版工作的要求。

第五章　新媒体背景下出版物的营销创新

第一节　新媒体背景下纸质出版的营销创新

一、纸质出版物的营销策略

（一）相关理论阐述

1. 整合营销传播理论

1993年美国学者舒尔茨在其与菲利普·J.凯奇合著的《整合营销传播》中提出了整合营销传播理论（Integrated Marketing Communication）。舒尔茨教授在书中认为"整合营销传播是业务的战略过程，可以利用此过程设计、发展、执行以及评估品牌传播方案，此方案对于消费者、客户和其目标中的或有关的内部及外部观众来说，通常应该是可以协调权衡的，且具有说服力。"但是因为角度不同，时至今日学界对于整合营销传播理论的定义没有达成共识。

美国学者汤姆·邓肯认为："整合营销传播是在运用品牌价值管理客户关系的过程中通过信息传递、数据库操作和有目的地对话影响消费者并创造可获利的关系。"

美国广告代理协会则认为："整合营销是综合运用各种传播手段——如销售促进、公共关系、广告为消费者提供连贯清晰的信息，最大限度的扩大传播的影响的整合营销传播计划。特伦斯·A.辛普著认为："整合营销传播是为了影响有选择的消费者而对现在的潜在的顾客进行说服性传播的计划过程。"

我国学者卫军英认为"整合营销是一种企业在经营全过程中，根据企业发展需要随时运用的一种手段和方法。

整合营销传播概念是随着营销环境的改变而动态变化的。准确地说整合营销传播理论一直处在被不断丰富和定义的过程中。不同学者对整合营销传播理论的定义虽不同，但是他们定义中的核心是一致的。整合营销是管理者在企业经营的过程中充分利用各种传播方式，实现企业与消费者的沟通，最终满足消费者需求的传播战略。整合营销传播理论更加注重消费者的需求，资源整合的作用和与消费者之间的互动，拓宽了营销传播的内容和方式。

2. 4P 理论

1953 年尼尔·博登在美国市场营销学会的就职演讲中提出了"营销变量"和"营销要素"的变化会对市场需求产生一定影响。市场营销组合的思想指导企业对营销变量和其他要素进行有效重组，激活市场，满足市场需求，实现企业利润最大化。

1960 年杰罗姆·麦卡锡在《基础营销》一书中将与营销组合相关的几十个要素分类概括为以下四类：产品（Product）、价格（Price）、渠道（Place）和宣传（Promotion）。

"4P"营销理论（The Marketing Theory of 4P）正式诞生。1967 年菲利普·科特勒在《营销管理：分析、规划与控制》中对"4P"营销理论进行了进一步的梳理和确认。

（1）产品。在市场营销学中，产品是指企业为满足消费者的欲望和需求而推出市场的商品，包括实际存在的物质商品和无形的服务商品。产品策略的实质是把产品的功能诉求置于首位，强调产品功能的研发创新，突出产品有竞争力的卖点。纸质出版物的产品既有实际的存在感又能为消费者提供无形的服务。纸质出版物的主要功能是满足人们对于信息、知识文化的需求。内容的质量和创新性是纸质出版物产品的功能诉求。纸质出版物产品的开发重点是内容与质量的提高，结合外在形式如装帧、排版、开本、定价的创新。

（2）价格。经济学领域内，价格是价值的货币表现。营销学中，价格是消费者购买商品支付的成本。价格策略是指企业对市场状况、消费者需求、产品生命周期和产品成本等诸多因素进行充分调查和分析之后，选择的能够实现营销目的和利润最大化的定价策略。产品的价格由产品的价值决定，受到市场、成本、竞争因素的影响。在营销中价格是实现产品价值的主要手段也是影响消费者消费的关键因素。纸质出版营销过程中，价格的制定要全面充分地考虑影响价格变动的因素，如生产成本、市场变化、消费者需求和接受能力、同类产品的竞争等。一般来说，最高定价由市场决定，最低定价由生产成本决定。

（3）渠道。商业领域内，渠道是商品销售流通的路线，是连接企业和消费者的桥梁，渠道有长短之分。渠道是营销系统中缩短企业产品与消费者之间联系距离的关键部分。销售渠道的规划建设关系到产品生产成本的高低和企业竞争力的强弱。营销中的渠道策略是指企业对产品经销商和销售网络、渠道的规划管理模式和创新方式。渠道策略同样是帮助企业完成销售目标和市场开拓任务的重要手段。渠道策略的变化也会直接影响价格策略和成本策略。读者能否获得便利的购买渠道是营销纸质出版物销售量的重要影响因素。因此纸质出版物的营销应为读者提供便捷的购买渠道，顺利完成与读者的对接。

社会的发展和市场的变化会给企业营销渠道提出新的变革要求，变革的内容包括渠道的发展方向、渠道的规划和管理、渠道的覆盖范围等。新媒体时代，纸质出版企业的旧的渠道模式已经不能适应新形势的需要。纸质出版企业应加强与新媒体的互动创新拓展纸质出版物的销售渠道。

（4）宣传。很多人将营销中的宣传策略理解成狭义的促销。宣传策略是企业通过广告、公共关系、人员推销和销售促进等方式与消费者进行信息沟通，在沟通过程中传递产品信息，说服消费者对企业及产品支持和信任，刺激消费者的消费欲望，最终完成企业产品的销售。信息的沟通是营销宣传的核心，信息沟通的方式是营销宣传的构成要素。

宣传是纸质出版物市场竞争的重要策略。纸质出版物的营销必须要培养读者和受众对企业品牌形象和产品的好感，使自身成为消费者购买同类商品时的首选，从而提高市场的占有率。营销宣传能为纸质出版物赢得读者和市场，在纸质出版物的生存和发展过程中发挥着重要作用。

3．产品的生命周期理论

1966年，产品生命周期理论首次出现在美国哈佛大学教授雷蒙德·弗农的《产品周期中的国际投资与国家贸易》中。产品生命周期，简称PLC。顾名思义，产品的生命周期是产品从进入市场到被淘汰、退出市场的时间周期。弗农从国际贸易和投资的角度出发，认为产品的生命是市场的营销生命，分为引入期（产品从设计到投入市场阶段）、成长期（产品需求增长阶段）、成熟期（产品占有了一定的市场份额并且市场销售比较稳定）和衰退期（产品已经进入了淘汰阶段）四个阶段。

菲利普·科特勒从市场营销学的角度出发，对产品生命周期理论进行延伸："产品生命周期包括四个方面，即产品的生命具有有限性；产品在生命周期的不同阶段具有不同的特征，销售者需要根据这些不同的特征对营销策略进行调整；产品利润伴随产品生命周期的演进不断变化；产品在生命周期的不同阶段对营销、财务、生产和人力资源战略有不同的要求。"产品生命周期理论对企业营销策略的制定具有重要的影响。

（二）新媒体时代纸质出版物的营销策略

纸质出版物的营销不单纯指出版物的销售，还包括营销观念、策略的竞争。纸质出版物的营销应涵盖整个出版发行过程。新媒体时代，纸质出版物的营销应加强与新媒体的合作。下面本文将结合整合营销理论、"4P"营销理论和产品的生命周期理论对现阶段纸质出版物的营销策略进行梳理总结，并针对营销策略中出现的问题提出策略创新的建议。

纸质出版物是满足读者对信息、知识文化和娱乐需求的社会信息载体。纸质出版物的营销是沟通出版企业与读者的桥梁，是企业经营管理的重要环节。纸质出版物的营销除了资金的投入以外还要注重策略的制定。出版企业的营销策略既要包括产品的营销又要涵盖出版企业本身品牌和形象的营造。营销策略的制定需要注意方式的多样化、立体化和延续性。

1. 产品策略营销

纸质出版物的产品策略是出版企业基于对市场变化规律和消费者需求的了解，以营利为目的而制定的纸质出版物出版与发行的营销策略。出版物的综合品质决定产品策略营销的效果。纸质出版物产品营销策略的核心是生产市场需要的、满足读者需求的出版物。成功的产品策略可以帮助出版企业实现营销目标。

（1）以读者为中心的产品策略营销。读者是出版物价值的实际承担者，某种度上出版物是为读者而生产，读者是出版界的上帝。保罗·萨缪尔森在《经济学》强调："消费者是市场的君主。消费者的需求和企业的供给决策、生产成本共同决定企业生产什么产品。"产品营销策略的制定和落实必须由过去的"推销决定论"转变为以读者为中心。满足读者的需求是以读者为中心的产品策略营销的最终目标。

满足读者需求必须针对读者阅读需求建立调研和反馈机制，通过网络、数字渠道搜集受众信息。出版企业会根据调研的结果调整出版物的内容、外观设计、定价和出版数量。针对小众读者需求的出版物达不到起印数量的情况，出版企业为了满足读者需要可按需出版。出版企业大多在出版之前都会进行阅读市场的考察，但是对于出版后的读者意见反馈重视程度不够。韩寒的《独唱团》和《南方周末》建立了相对完善的读者阅读反馈机制。《独唱团》中的"所有人问所有人"版块以读者自身参与问答的方式解答读者意见和问题。《南方周末》也开辟专栏发表读者来搞。

读者的意见和要求为出版企业提供发展的动力和新的方向。

（2）产品创新策略营销。出版企业也是一样，出版物的种类、选题、设计也需要创新。社会的发展会引起人类选择和审美的多元化，这就要求出版企业对出版物进行内外的创新。美国著名改版专家达里尔·莫恩曾断言：报纸每隔5年还停滞不前就不会有新的进展。产品创新的营销策略并不是要求出版企业进行盲目的跟风似的创新。纸质出版物的创新不是朝夕之事，而是一项复杂的系统工程，不能单纯凭创意使然。笔者认为创新还是要以市场和读者需求为导向，明确创新的目标受众群，创新对受众需求的满足情况，创新以后的市场前景。纸质出版物创新的最终目的是赢得更多的读者。

我国每年新上市的出版物占出版总量60%，出版物的极速更新是出版行业的属性。新媒体时代，人们的选择更多，审美也呈现多元化趋势，纸质出版物的装帧设计和印刷创新也变成读者的需求。目前我国纸质出版物针对产品创新的营销策略大致有以下几种：

首先是选题创新。选题创新需要出版企业集中优秀的团队对纸质出版物市场和读者阅读市场进行调研分析，寻找选题的"盲区"。选题的创新点确定以后要集中创作、编辑、设计、印刷各个环节的优势资源打造创新精品。精品出版物意味着畅销和重印。创新的精品能够帮助出版企业实现经济效益和社会效益的双赢。此处的选题"盲区"是指在主流价值观之内市场欠缺的选题。

其次是产品组合的创新。市场瞬息万变，在了解目标受众需求的前提下，出版企业应当分散风险分布，经营出版多种类别的出版物。例如以出版管理类出版物为主的企业可以同时出版文学艺术类的出版物。产品组合的创新可以根据市场变化及时调整出版重心，分散企业风险。

再者是产品卖点创新。出版物卖点创新就是产品要满足读者的独特诉求。独特卖点是出版物市场竞争力的重要组成部分，也是影响消费者购买行为的重要因素。因此出版物在进行选题和设计时一定要确立销售主张。明确的独特卖点可以获得读者的购买注意，树立企业自身的差异化竞争优势。

2. 价格策略营销

目前我国纸质出版物市场是买方市场，纸质出版物出现大量库存。库存占用了出版企业的资金，增加了企业经营的风险，影响了企业发展的稳定性。清理库存成为当前纸质出版物营销的一个难题。价格策略成为解决纸质出版物库存难题的最佳营销策略。纸质出版物的定价和折扣策略直接影响着读者的购买行为和出版企业的收益。因此出版企业在进行价格策略营销时要遵循价值规律和市场的经济规律。

出版物的生产成本，市场的供求关系和读者需求，市场竞争状况等因素都会对出版物的价格产生影响。因此纸质出版物的定价的方法也就不同，大致可以分为三类：以出版物成本为导向定价（企业根据出版物成本定价），以竞争状况为导向定价（企业根据同行业竞争对手的同类图书的价格确定自己所出版图书的价格），以市场需求为导向定价（企业以读者所感知到的图书产品的价值和对其产生的需求强度为依据定价）。市场的复杂多变和行业竞争的日益增强使得纸质出版物的定价不再单纯使用一种定价方法，大多出版企业都是综合考虑成本、竞争和市场需求因素对出版物进行定价。综合定价既能实现企业利润的最大化又能满足读者多样化的需求。纸质出版物无论采取何种定价策略目标无非是获得利润目标，扩大市场，增强竞争实力。

价格营销策略包含定价策略和折扣策略。纸质出版物营销中的折扣策略具体指出版企业和各层级的经销商对出版物按实际标价实行折价销售。折扣策略是出版企业刺激销售的一种手段，也是目前我国纸质出版物营销中最常用的策略之一。

目前我国纸质出版物营销中的折扣策略主要有：数量折扣，消费者购买数量越多，价格越低；品种折扣，如部分市场反应冷淡，销售难度大的图书可实行较高折扣；现金折扣，销售商为了最大限度实现资金回流而给予提前付款或者使用现金付款的购买者一定的折扣优惠；季节折扣，销售商对过时或者处于淡季的图书进行低价处理；业绩折扣。出版社通常会给予销售业绩和业内信誉口碑较好的部分批发商和零售商一定的折扣优惠。

3. 渠道策略营销

互联网的普及发展改变人们的消费习惯的同时也给出版企业的营销提出了新的要求。产品策略和价格策略已经不能完全满足读者的需求。读者在追求出版物质量和低价的同时也关注购买的时间和地点的便捷性。营销渠道成为各出版企业争夺的对象，以新华书店为代表的传统营销渠道已基本饱和，互联网成为出版企业争夺营销渠道的新战场。互联网营销在渠道与便利性方面的完美结合使其迅速成长为出版物营销的第二大渠道。近年来，当当网、亚马逊和京东商城为代表的线上书店的出版物的销售速度已引起出版界的广泛关注。

网络营销渠道中纸质出版物的配送采用物流快递的配送方式，资金交易则在网上进行。相比较而言，网络书店利用互联网技术可以实现全球性和全天候的经营，在时间和空间上最大限度地满足了消费者的需求。网络书店可以采用价格策略与传统书店进行竞争，网络书店不需要承担店面租金的压力，价格一般比传统书店优惠 10%~30%。互联网信息检索的强大功能给予网络营销强大的技术支持。消费者和用户可以快速查询到自己所要购买的出版物信息。互联网提供给用户多元化的交互信息。读者可以根据互联网的书评网站如豆瓣网，畅销排行榜，热卖图书等获取出版物除外观设计以外的更多信息。网络营销的双向信息互动可以引起读者对出版物更多的关注和消费。网络营销除了赋予消费者选择的权利和空间以外还为消费者提供了个性化的增值服务。用户在网上购买出版物以后，网站会记录分析用户整个购买过程的相关信息，随后网站会根据分析结果给用户提供适时的导购、优惠券、选购指南等增值服务。例如消费者在当当网购书以后，当当网会根据购书记录了解用户的阅读兴趣和购书范围，进行购书推荐，通过用户注册信息推送新的信息。网络这种个性增值服务可以增加用户的忠实程度。

新媒体时代，中国传统的纸质出版企业应将强与当当网为代表的网上书店的沟通合作，充分利用互联网资源。拓展互联网营销渠道也不能忽略传统营销渠道的稳定与发展，毕竟现阶段传统营销渠道还是我国纸质出版物营销的第一大渠道。"线上"与"线下"的渠道整合是纸质出版物渠道营销策略的重中之重。营销渠道整合对渠道与便利性相结合。"双管齐下"的渠道整合营销策略是未来纸质出版物营销的发展趋势。

4. 宣传策略营销

产品生命周期理论表明产品在生命周期的不同阶段的市场需求和竞争程度不同。纸质出版物企业为了更好地完成经营目标有必要根据纸质出版物所处的生命周期阶段进行营销策略的制定。因全媒体时代背景下的报纸生命周期太过短暂，本节基于产品生命周期理论的营销策略的研究对象不包括报纸。

产品从设计到进入市场的阶段在产品生命周期理论中被称为引入期。一般来说，读者对刚刚出版发行的出版物缺乏了解，购买会持观望态度。此阶段营销的首要目标是使消费者快速认识和了解新上市的纸质出版物。具体的营销手段主要有广告宣传、举行发布会和免费的体验阅读。

广告宣传方面可以综合运用于纸质出版物相关的，知名权威、受众和用户数量多的纸媒、电台、电视（成本较高，使用较少）和网络媒介对出版物进行立体化的宣传。广告宣传中要针对出版物的内容、作者和权威且积极的评论进行重点宣传，尽可能快速吸引目标受众。其次是发布会。发布会是出版企业惯用的行之有效的营销方式。发布会需要出版企业与分销商合作，围绕出版物卖点展开。再者还可以举办免费的体验阅读活动赢得消费者的口碑。出版物面世之前，免费向受众读者提供产品的部分信息，利用受众本身进行宣传。

产品在成长期内的销售量增长迅速。成长期内的营销关系到整个营销的成败，成长期的成功营销可以为产品顺利进入成熟期奠定基础。

经过引入期的营销，消费者对出版物有了初步的认识，出版企业也对市场有了大致的了解和判断。出版企业在成长期内应当趁热打铁采取互动的、多层次的营销方式对出版物进行全方位立体化的营销，营造企业的品牌形象。签售会和新媒体平台的传播是出版企业在纸质出版物的成长期内常用的营销模式。签售会可以发挥作者作为社会意见领袖的作用和明星效应，进行"粉丝"营销。新媒体平台的宣传是传播范围最广、传播影响最大、传播效果最理想的营销方式。出版企业和分销商可以与各大门户网站合作并建立新的营销平台如：微信、微博等等。出版企业可以通过互联网移动平台向用户推送企业自身和与出版物有关的信息。

处在成熟期的出版物的销售量和总体利润最高，已在市场内形成一定的竞争力。成熟晚期市场上的盗版和同类出版物开始泛滥，出版物的销量急剧下降，市场趋于饱和。因此出版企业为了实现利润最大化需要收紧营销投入，运用费用较低的营销方式。广告和大型签售活动费用较高应当减少，使用公共关系和营业推广等廉价的营销，如针对小众读者群体进行个性化服务满足其个性化需求。品牌宣传和企业形象的营造是这一时期重点的营销目标。

进入衰退期出版物已基本被其他更具竞争力的替代品所取代，即将被淘汰出市场。清理库存是出版企业的营销重点。出版企业一般会选择折扣和搭配销售的营销策略。出版企业和分销商会将剩余出版物集中起来，在各销售渠道开始低价折扣促销，吸引读者进行购买，尽量减少库存。出版企业还会将进入衰退期的出版物与新上市的出版物整合以后绑定出售。

出版企业在出版物营销的过程中不应把眼光局限于图书的销售环节,应该树立全程营销的意识和观念。所谓全程营销就是将营销的理念贯穿于出版物的选题策划、编辑、印刷出版和宣传销售各个环节。

二、新媒体时代有关纸质出版物发展方向的思考

(一)纸质出版与数字出版融合

数据是新媒体时代的核心要素。未来出版业的发展势必离不开数据分析。这就需要出版单位创新思维、开阔思路不刻板拘泥于传统纸质出版与数字出版的界限划分。出版单位应打破固化思维和传统界限实现纸质出版与数字出版的融合。思维和理念的创新是一切创新的基础。传统纸质出版与新型的数字出版融合可以实现优势互补,实现"一次采集、多次生成、多平台传播",帮助传统纸质出版走出困境。现阶段对于传统出版与新型出版的融合,国家给予了政策上的巨大支持。2014年中央先后发布《关于推动传统媒体和新兴媒体融合发展的指导意见》和《关于推动新闻出版业数字化转型升级的指导意见》,对传统出版与新型出版的融合进行指导和支持。内外因素的共同作用使得与新型出版融合会成为传统纸质出版新的发展方向。

至于传统出版与新型出版融合的具体的形式则是多样和多变的。例如运用新媒体进行业务开发、建立新媒体平台和战略合作等。业务合作方面,通过新媒体完成策划选题和销售甚至筹集出版资金成为业务开发的重点。例如,通过当当网、亚马逊等网站,网易新闻、今日头条、苹果商城等移动客户端和微信、微博等自媒体进行出版物(纸质版和电子版)的销售;运用网络平台筹集资金进行出版。新媒体平台建立方面,可以参考借鉴中国时代出版集团建立的全球首个文化生活自出版网络社交平台——"时光流影"。"时光流影"推出了整合出版资源、自媒体出版、个性化按需出版、社交讨论、信息服务推广等多项功能。战略合作即传统出版企业与新型出版企业签署协议,结成合作伙伴拓宽各自的业务领域,延长各自的产业链。去年亚马逊中国就与中信出版社进行战略合作,亚马逊推出并销售中信出版社的电子书,中信出版社在实体店内向顾客提供 Kindle 产品的体验和销售。

(二)坚持内容为王,打造精品

文艺工作者要创造出我们伟大民族和时代的优秀作品。同样的道理,纸质出版业的核心就是坚持内容为王，打造精品。新媒体时代，看似眼花缭乱的平台、技术都建立在内容的基础之上的。新媒体时代，消费者阅读的内容并没有发生改变，改变的是阅读的载体。无论采取哪种阅读方式，内容才是读者最关心的内容。

传播学的倒三角理论模式也可以证明这一点。由内容、形式和媒介构成基本的传播，三者在传播过程中呈现倒三角形。内容处在倒三角形的底层，形式在中间，媒介在顶端，内容是基础，发挥决定作用，形式和媒介服务于内容并影响内容。原创内容是传播的基础，基于纸质出版而言，产品是内容的载体，打造"精品"才是纸质出版未来发展的根本。坚持内容为王，打造精品还需要适销对路。适销对路具体指，保证内容为王的前提下需要根据读者的需求对内容进行整合。换言之，纸质出版单位要保证内容的创新性和有效性满足读者的需求才能为纸质出版赢得市场。

因此，纸质出版从业人员应牢固树立内容为主的观念并在实际工作中认真贯彻执行。

出版企业必须兼顾经济效益与社会效益，甚至在一定意义上社会效益要优先于经济效益。当下受众和读者缺乏的并非是信息而是人之判断和价值引导。出版业肩负着传承民族历史文化和塑造民族精神的重大使命。因此，出版企业必须立足自身，坚持内容为王打造精品引领先进文化发展的方向。

（三）出版的国际交流

2003年中国向世界贸易组织成员国开放出版物销售市场。2005年中国首家中外合资的图书发行企业，辽宁贝塔斯曼图书发行有限公司成立。自此我国出版业进入全球化潮流。在互联网的推波助澜下全球化浪潮持续高涨。2013年国家发布《关于加快发展对外文化贸易的意见》，鼓励中国出版业"走出去"。出版业全球化发展趋势日益清晰。全球化出版是中国出版业未来发展必须要面对的问题。

未来中国出版业"走出去"的战略方式是多元化的，除了现阶段的出版物和版权出口之外，还会有资本输出、国际书展、跨国合作等多种途径。

（四）机制改革

2014年是中国深化改革的元年，新闻出版体制的改革成为国家改革中不可或缺的一部分。改革预示着未来的发展方向。体制改革必然成为未来新闻出版业发展的趋势之一。2014年国家相继出台了《深化新闻出版体制改革实施方案》、

《深化文化体制改革方案》等文件指导和支持新闻出版行业的体制改革。

1. 经营机制改革

文化经营机制改革问题在党的十八届三中全会被讨论。一直以来，管理机制是中国新闻出版业改革的重点。经过长时间改革，我国出版单位的管理机制已相对完善。新媒体时代，在纸质出版与数字出版竞争与融合的背景下，经营问题将成为出版单位和企业考虑的首要问题。同时经营管理也是未来影响出版企业发展的关键因素。

国有出版社转企改制以后的发展方向是经营体制改革的重点。当下很多国有出版社的转企改制具有被动性，缺乏前期的准备与过渡。因此无论是在思想观念、组织结构方面，还是管理经营方面都无法与企业的发展思路相匹配。简言之，改制以后的出版企业缺乏对自己企业身份的认同。出版企业经营体制的变革必须尽快使企业在制度建设、组织结构、经营管理和企业文化建设方面与市场完成接轨。进入市场化之后，出版企业就必须认真遵循市场规则。国有出版社转企改制必须进行充分的准备与过渡，并由被动变主动。

此外，改革需要创新。现阶段存在争议的股权激励机制会成为中国新闻出版企业普遍存在的一种现象。所谓的股权激励早在中国晚清晋商的商业经营中就已出现。股权激励机制的建立会最大限度的激发企业员工的热情和创造性，继而为出版业的发展增加动力。2014年首批国家批准的国有出版企业已开始进行股权奖励试点工作。相信股权激励机制和"特殊管理股"制度等一系列经营制度改革会成为中国新闻出版业发展的重要方向。时下国有企业的混合所有制改革收效显著，给出版业发展以重大启示。出版业内国有企业与非公有制企业的交流合作会带来新的发展契机。畅销书《狼图腾》就是国有与民营合作的产物。此外，出版业与其他行业例如金融业的跨界合作力度也会不断增强。跨界合作中其他行业提供的资金、技术、品牌等方面的支持将会延长出版业的产业链和扩大出版业的知名度和影响力。经营机制的改革和创新可以实现出版企业运作效率的提高和资源配置的合理化。

2. 人才培养机制革新

人才匮乏和流失是一直困扰着中国出版业发展创新的难题。人才培养机制的完善和革新也是未来中国出版业改革发展的重点之一。目前国内的纸质出版产业存在从业人员学历水平和教育层次偏低，实践能力偏弱的问题。借鉴欧美国家人才培养机制，未来国内高校需要加强新闻出版学科的建设，在课程设置方面增加顺应行业时代发展要求的实践类课程，丰富完善新闻出版人才培养体系。企业内部建立并加强人员专业培训考核约束机制，合理配置人力资源，真正做到精简高效。摒弃官僚作风和资历论，激励员工的能动性和创造性，最大限度引进国内外优秀出版人才。企业吸引人才的关键是企业的发展前景与空间。出版企业需要为员工提供展示自我实现自我的平台和机遇。

优秀的出版人才对出版运作的流程和市场有广泛的了解，能够敏锐地感觉市场的变化并对市场做出较为准确的预测。从图书的选题、策划到出版发行和营销，优秀的人才总是能够发挥他们独特的能力与作用。出版行业人才定义的范围不局限于出版企业内部的编辑营销人员，还包括优秀的畅销作家。例如，磨铁图书有当年明月、朱德庸、麦家、南派三叔和袁腾飞等诸多知名签约作家。出版行业内，某种程度上作家本身的知名度和营销力是最好的市场保障。

3．营销机制变革

数字出版的"绿色"、低价、高效便捷优势将纸质出版完全置于竞争中的被动地位。纸质出版的编辑、排版、校对耗费时间较长，印刷力量分散，销售渠道不畅通，使得后期的营销与宣传的策划难以进行。纸质出版以产品为导向的营销观念和对市场调研的缺乏导致营销工作的效率较低，盲目性增加。如若纸质出版在营销方面不进行变革和创新，纸质出版的发展前景确实堪忧。营销机制的变革和创新能够使纸质出版获得更多的关注，从而提高读者的信任度和粘合度。营销机制的变革主要体现在营销策略方式的创新方面。

近年来，纸质出版对营销方式进行了一些有益创新尝试，例如运用新媒体的传播平台和移动终端进行营销。这些尝试还只是作为传播营销的补充，没有真正成为纸质出版营销的主要方式。新媒体营销的互动性和分享性可以克服传统营销信息不对称的缺点，它将纸质出版由单向的输出变成了双向的互动。同时新媒体营销能够对纸质出版物进行文字、语言和图像的全方位包装，突出纸质出版物的特点，扩大传播影响的范围。新媒体营销会取代传统签售、讲座、促销的营销模式成为纸质出版的主要甚至是唯一营销方式。这种趋势发展的背后是潜在市场的需求。

第二节　新媒体背景下数字出版的营销创新

数字出版产业包含着电子图书、网络文学出版以及电子报纸等一系列数字出版物，党的十九大报告指出要大力推动文化事业和文化产业发展，随着媒介环境的变化以及媒介技术的进一步发展，新媒体已经是当前媒体出版业的大势所趋了。互联网、大数据、云计算以及人工智能等已经对数字出版产业形成了强大的冲击，一方面一些传统的数字出版内容正在面临被受众、读者所边缘化的状态，而另一方面，一些新兴的数字出版内容又面临着新的法律与伦理等众多问题，在坚持中国特色社会主义文化发展道路过程中，数字出版产业的健康良好发展关系到现代文化产业体系和社会主义文化强国建设的重要因素。在新媒体背景之下如何实现数字出版产业的高效运营，是一项重要的课题。本节首先梳理了数字出版产业的发展概况，然后从多个方面指出当前数字出版产业在经营发展过程中所出现的问题，最后建构出新媒体背景下数字出版产业的运营策略与方法，为数字出版产业的发展提供理论支撑。

一、数字出版产业发展概况

在近些年里，数字出版成为了出版业的新的强大引擎，同时也是数字经济的重要组成部分，我国数字出版产业基本起始于2000年左右，在数字出版产业发展初期，电子图书、数字报纸等是其主要的出版内容，随后网络地图、数字音乐等也逐渐被开发，随着移动终端的发展，手机报等也成为数字出版的重要内容之一，在当下，网络文学、网络游戏以及动漫等均成为了数字出版产业的重要组成部分，而且这些占据了整个产业链的很大比重。在2010年之后，随着互联网和移动终端的发展，我国数字出版产业规模实现了跨越式的增长，国家新闻广电总局批准建立20家出版融合发展重点实验室，可以看出数字出版产业已经获得了国家宏观政策上的倾斜，在2019年8月份发布的《2018—2019年中国数字出版年度报告》中指出，我国数字出版年收入已经达到了8330亿元，比2017年增加1100亿元，这其中移动出版和网络游戏收入占据了总收入的2/3，而在网络文学出版中，不仅仅是网络文学的读者数量庞大，同时，签约作者总人数也已经超过了60万人。可见我国数字出版产业不仅在总的体量上十分庞大，内容也呈现出多元化特征，但是增长点还是主要聚集在少数出版产品上。总体来说，我国数字出版产业仍具有很大的增长空间。

二、数字出版产业面临的困境

（一）创新型数字出版人才匮乏

当下媒介技术发展日新月异，新媒体建设是理念、思维、人才、设备的多维建设和升级，而配套的传媒技术和传播设备的缺失成为了部分出版集团的短板。新媒体背景下最直观的变化就是复合型人才的出现和先进的媒介出版技术的使用，目前我国数字出版产业面临的一个比较尴尬的状况是很多人才和技术并未得到充分的使用。在当今的数字出版产业中，传统的出版人才已经不能够完全适应当下的全新出版产业的发展，数字出版时代对于出版人才也提出了更高的要求，既要实现出版内容的创新与高品质，又要懂得数字技术，还需要拥有充足的运营思维，数字出版时代出版人才的知识结构需要更加丰富多元，然而在现实中，这样的复合型人才确实非常缺乏的，这也会影响到数字版权产业的进一步发展。

（二）数字版权保护困难

在数字出版产业发展的过程中，遇到的最大的问题就是版权保护困难。版权即为《著作权法》旨在保护著作权人的智力成果并获得应有的报酬，这样是鼓励智力劳动者创造性的劳动。但《著作权法》并非只有保护，，同时还有合理使用和法定许可使用，这是《著作权法》照顾到公民的知情权，在著作权和公共利益之间的平衡。虽有相关的完善的法律来保护知识创造者的合法权益，但是由于新媒体背景下媒介形态的特殊性等，给版权保护工作带来了极大的挑战例如，自2018年以来，"洗稿"事件频繁曝出，"洗稿"行为不仅对原创作者创作积极性的扼杀，使得数字出版呈现出"劣币驱逐良币"的趋势，而且对于整个产业的良性发展、我国知识产权保护的进一步发展都产生了负面影响。因为"洗稿"难以通过技术的手段去进行甄别，同时法律取证又十分困难，导致其成为版权保护道路上的拦路虎，也给整个数字出版产业健康发展带来了困难。版权的保护关系到持续创新的能力，但是当下版权保护上的短板也造成了数字出版产业的持续创新动力缺乏。

（三）完整的创新生态系统尚未形成

传统出版业从世界范围来说，从繁荣期进入了衰退期。为此，传统出版业通过各种战略，力图摆脱困境，挽救颓势。部分出版集团通过多元化战略，培育新的经济支柱，将盈利功能转到非出版为主的产业，例如一些这种战略需要大量经营性人才，与很多传统出版业集团的人才结构不够吻合，随着新媒体时代的到来，也有一部份虽然新媒体概念被反复提及，但是在传统出版业中，对于产业市场的把握和读者的吸引力仍然是个重要难点，纵观我国的数字出版产业，完整的数字出版生态体系建设还比较落后，数字出版涉及相关的产业支撑体系，包括数字技术提供方、互联网基础设施、数据库系统、平台服务商、上下游硬件生产企业、数字发行方、内容创造者、终端消费者等机构与个人，要建立健康的数字出版生态系统，每一个环节都会影响到整个出版生态结构，而目前数字技术、互联网基础设施等都是整个生态系统中的薄弱环节。

三、新媒体背景下数字出版产业的运营策略

（一）拓展数字出版的深度和宽度

传统出版企业数字化转型是其未来发展的必经之路，而数字技术是推动数字出版产业发展的重要动力。首先，数字技术融合深度与宽度是出版产业持续创新能力的重要因素，融合深度决定了出版产业应用什么样的数字技术改进编辑、排版、印刷、发行等过程，决定技术应用的先进性；融合宽度是指数字技术在出版产业的应用范围，也就是数字化率。因此，出版产业与数字技术融合不仅带来了全新的组织创新与商业模式创新，而且为出版产业持续技术创新提供了保障。其次，数字技术将企业与客户无缝连接，让读者、创作者、客户和出版企业构成创新网络，极大方便创新参与者的交流和互动，促进创新创意成果不断涌现。

（二）走数字出版产业的集群发展之路

目前，我国数字出版企业比较分散，从目前数字出版产业的内容来看，集群经济阻碍了信息技术企业与出版企业的交流与协作，难以形成规模经济。因此，应该拓展数字技术企业与传统出版企业合作、信息共享、人才交流的通道和机制，从单纯的内容复制转变为对内容的深度加工与整合。例如江西出版集团制定了"一体两翼、互动发展，一业为主，多元支撑"的发展战略，并取得了很好的成效。目前，非虚构写作市场火热。而非虚构写作的IP开发还基本上处于空白阶段，这也可以位数字出版产业提供新的产业增长点。另外，在营销和传播方式上，数字技术正在改变出版产品传播和营销方式，突破时空限制，实现全方位市场营销创新。

（三）数字出版产业软硬件需全面升级

为了适应出版产业的全面数字化转型，要对已有的人才资源、硬件设备等进

行充分地利用，比如数字化编撰系统、编辑协调办公软件、OA 办公软件和 ERP 系统等信息化技术需要得到充分的使用，一些具备高素质的专业性人才要实现转型，通过软硬实力的增强，为我国数字出版产业的良性发展保驾护航、提供坚实的基础。

参考文献

[1] 马玥. 新媒体编辑 [M]. 上海：上海交通大学出版社，2019.

[2] 詹新惠. 网络与新媒体编辑运营实务 [M]. 北京：中国传媒大学出版社，2019.

[3] 李小莹. 新媒体音乐编辑与传播 [M]. 北京：现代出版社，2017.

[4] 克雷格. 网络新闻学 新媒体的报道、写作与编辑 [M]. 刘勇主，译. 北京：中国时代经济出版社出版发行处，2010.

[5] 李灿辉，施薇. 新媒体编辑实务 [M]. 北京：中国人民大学出版社，2020.

[6] 付聪，左旼. 新媒体文化传播与出版 [M]. 石家庄：河北科学技术出版社，2017.

[7] 丛挺. 我国出版企业新媒体技术采纳研究 [M]. 武汉：武汉大学出版社，2019.

[8] 张文红. 新媒体时代下的新闻出版教育研究 [M]. 北京：中国传媒大学出版社，2017.

[9] 孟耀. 新媒体与数字出版 [M]. 沈阳：东北财经大学出版社，2015.

[10] 余人，袁玲. 出版与融合 新媒体环境下的出版创新思考 [M]. 北京：科学出版社，2017.

[11] 蒋雪湘. 中国图书出版产业组织研究 [M]. 长沙：湖南大学出版社，2010.

[12] 吴飞，邵培仁. 媒介理论前瞻 [M]. 杭州：浙江大学出版社，2012.

[13] 卫军英. 整合营销传播理论与实务 [M]. 北京：首都经济贸易大学出版社，2009.

[14] 郭庆光. 传播学教程 [M]. 北京：中国人民大学出版社，1999.

[15] 李深 吴秋琴. 图书市场营销 [M]. 北京：清华大学出版社，2004.

[16] 尼葛洛庞帝. 数字化生存 [M]. 海南：海南出版社，1997.

[17] 王丹. 数字化环境下出版企业营销策略创新研究 [D]. 北京印刷学院，2012.

[18] 王建华. 中国电力出版社图书营销策略研究 [D]. 华北电力大学，2012.

[19] 卫飞. 中国社会出版社图书营销策略分析 [D]. 北京邮电大学，2010.

[20] 陈晓希. 传统出版物的网络营销策略分析[D]. 华中师范大学，2006.

[23] 马舒宁. 企业微信营销传播研究[D]. 大连海事大学，2014.